あなたは、もう大丈夫。

「幸せスイッチ」が入る77の言葉

中島 輝
Teru Nakashima

プレジデント社

はじめに

この本を手に取り、この文章を読んでいるあなたは、実はすでに幸せな人生への一歩を踏み出しています。どうか、この小さな成功に気づいてください。

あなたは自分になにか思うところがあるから、この本を手にしているのです。

「これから新しく自分を変えていきたい」

「もっと楽しくて幸せな人生をつくっていきたい」

心のどこかでそう感じていたから、この本を手に取ったのではありませんか？

これは、ごくわずかな確率でしか起きない出来事なのです。

本書は、あなたが「ありのままの自分」と出会い、幸せに生きるためのスイッチを入れる本です。

あなたは自分を幸せにするためのスイッチを、自分で入れることができます。

そして実際にいまのあなたは、たくさんのスイッチをその手に持っています。

もしかしたら、あなたはスイッチのありかを一時的に見失っているかもしれません。

でも、過去になにがあっても、いまどんな状況であっても、あなたには希望を持って生きる価値があります。


そんな自分を全肯定できる「自己肯定感」のパワーが高まると、自分が本当に好きなことをして、いつも満ち足りた気分で毎日を過ごせます。

「自分には価値がある」と自然に思えるようになり、たとえなにが起きても、「どんなものごとも希望に変えられる」と強く信じられるようになります。


いまこの本を手にしたという、そんな自分の小さな成功に気づいたら、ぜひそれをよろこんでください。大切なのは、自分の小さな一歩に気づいて、それを意識的に積み重ねていく営みです。


あなたの生きるエネルギーを、すべて力強く肯定していきましょう。

幸せな人生が、あなたのすぐそばで、あなたが来るのを待っています。

Contents

Chapter2

「とらわれ」から解放される

Contents

Chapter3

自分を全肯定する

Contents

Chapter5

あなたは、もう大丈夫。

Contents

Prologue

あなたの人生には「意味」がある

●人が生きるための「土台」が脅かされる時代

いま、ふだんの生活を送るなかでふと生きづらさを感じたり、自分に自信を持てなくなったりする人が増えています。

これまで自分が描いてきた夢や目標を見失いがちになり、コロナ禍を経て人生の歯車が狂ってしまった人もいると思います。

「これからどのように新しい人生を歩んでいけばいいのだろう?」

そう考えてはみるものの、この先どんな選択をするのが正解なのかもわからない。そんな漠然とした不安のなかで、「自分にはたいした才能も価値もないんじゃないか」と、ネガティブな感情にとらわれてしまう人もいるかもしれません。

しかし、生きる困難と将来への不安が増しているいまのような時代は、人類がはじめて経験するものではありません。歴史を振り返れば、それこそ疫病《えきびょう》をはじめ戦争や飢餓《きが》など、人類は数多くの苦しみを経験してきました。

わたしはこれまで、本書で紹介する「自己肯定感」について独自の視点から研究と臨床経験を積み重ね、多くの人にカウンセリングを行ったり、講師としての活動を行ったりしてきました。そんなわたしが大きな影響を受けたのが、オーストリアの精神科医であるヴィクトール・フランクルが提唱した「フランクル心理学」です。

そしてわたしは、いまという時代は、フランクルが自らの心理学を打ち立てた時期、つまり第二次世界大戦という衝撃的な出来事を経たあとの状況ととても似ているのではないかと考えています。

彼は大戦中に強制収容所に送られた経験を持ちますが、この時期は同じように過酷な運命にもてあそばれた人たちが世界中にたくさんいました。

いま、コロナ禍で多くの人が打撃を受け、振り回されているこの状況は、ある意味では第二次世界大戦後の状況と似ている面があるとわたしは感じているのです。

これまで多くの人は、自分なりの夢や希望を持ち、ときには胸を躍らせもしながら、自分の人生にある程度期待をして生きていたと思います。

しかし、コロナ禍を経て、いまさまざまなかたちの「不安」がわたしたちに襲いかかっています。実際に、生活の基盤である雇用や就業に大きな影響があり、若者や女性を中心に自殺者も増加しています。

人が生きていくための、まさに〝土台〟が脅《おびや》かされているのです。

生活のなかで感じる不安が増しているためか、わたし個人の感覚でも、カウンセリングを依頼される人たちにはうつ傾向にある人が多く、「ネガティブな感情に覆われている」ような人が急激に増えていると感じています。

そんな状況で、わたしたちはどうすれば「自分は大丈夫」と思えて、自分の存在を正面から受け止め、力強く生きることができるのでしょうか。

その手がかりは、まさにあなた（自分）のなかに用意されています。

「人生をとおしてわたしはなにをやっていこう？」

「どう生きていけば、わたしはいちばん勇気が出るだろう？」

「自分が本当に安心できる場所をどうやって探していこう？」

そう一人ひとりが考え、自分の生き方を深く見つめて、自分自身に立ち返っていく。

そうして自分を新たに発見し、新しい人生へと踏み出していく。

そんなきっかけともなる大切な時代に入ったのだと、わたしは見ています。

●人間はもともと「不安になる生き物」

いまという時代を生きるなかでは、どんな人も、将来を思ってふとネガティブな感情にとらわれることがあると思います。そんな漠然とした不安を感じていない人を探すほうが、むしろ難しいくらいではないでしょうか。

不安の正体とは、いったいなんでしょう？

「不安になる」「心配する」という状態はけっして心地いいものではなく、ネガティブな状態としてとらえる人がほとんどだと思います。しかし、不安になるという〝機能〟がわたしたちに備わっている以上、それは本来人間にとって必要な力なのだと考えるべきです。

その力とは、不安が持つ「危機察知能力」です。

もし一切の不安を感じない人がいたとしたら……？　例えば、道路を歩くときに「車なんて来るわけがない」と思っていたら、その人はいずれ事故に遭《あ》うはずです。でも実際は、わたしたちは「車が来たらどうしよう」と、無意識下であっても不安を感じています。

つまり、不安という危機察知能力を働かせるおかげで、事故に遭う可能性を減らし、大切な生命を守っているのです。

驚くべきは、この不安になる回数です。人間は1日に6万回もの思考をしているといわれますが、そのうち75％にあたる4万5０００回の思考が、「もしこうなったらどうしよう……」というネガティブな思考だというのです。

人間は本質的に、「不安になる生き物」といっていいのです。

ただ、そうはいっても、やはり不安を感じ過ぎることは問題です。

不安を感じ過ぎるあまり、自信をどんどん失って将来に対する希望も見えなくなってしまえば、それこそ心身の疾患《しっかん》を招きかねません。

ましてや、そのときサポートしてくれる人がそばにいなければ、社会生活を営めなくなる可能性があり、うつ病になってしまうこともめずらしくはないのです。

わたしたちが感じるあいまいな不安

もちろん、わたし自身も漠然とした不安を感じることはあります。

「講座に人が集まってくれるかな」「来月仕事が減ったらどうしよう?」などと、日々過ごすなかでいろいろと考えます。

こうした不安は、わたしたちの生活のなかではよく起こります。

「失敗したらどうしよう」「将来うまくやっていけるのか」などと不安になるのは、みなさんにもあることではないでしょうか。

そんなあいまいな不安が、特定の不安になると「恐怖」に変わってしまいます。

例えば、不安が「ある特定の人」に向けられると、それが人間関係に対する恐怖に変化していきます。それをきっかけに対人恐怖になったり、家から出づらくなったりして、うつ症状に変わっていくことが起こり得るわけです。

そうした不安が生じるのには、おもにふたつの原因があります。

ひとつはつらく苦しい体験をするなど、過去の体験上の記憶によるもの。いわゆるトラウマと呼ばれるもので、これは比較的わかりやすいと思います。

もうひとつは、わたしたちがふだん過ごすなかで、あたりまえのように積み重ねてきたネガティブな記憶です。

例えば、子どものときになにかを失敗したとしましょう。そのとき、親に「大丈夫だよ」「失敗じゃないよ」と声をかけられた子と、「なにをやっているんだ」「失敗したらダメだろう！」といわれた子とでは、同じ体験でも感じ方がまるで違ってきます。

心理学では、人はとくに親を「モデリング」※して育つとされ、この例でいえば、後者は失敗を必要以上に恐れたり、不安を感じたりするようになります。

つまり、後天的に真似てきた記憶が影響して、いま感じている不安までもが、さらに強められるということが起きるのです。

※なにかの対象物を見本にしてそれと同じような動作や行動をすること

不安と向き合うための「逆説志向」

そんな不安が増した状態に向き合うにはどうすればいいでしょうか。

もともとの生育環境などは変えがたいものですが、その事実を認めたうえで、自分で変えていける面を探すことはもちろんできます。

そのひとつとして、わたしはフランクルが編み出した心理療法である「逆説志向」が有効だと考えています。

これは簡単にいえば、いま悩んだり不安を感じたりしていることの逆の方向へと、意識的に思考を振り切る方法です。

わたしも、漠然とした不安を感じたときに、たびたびこの思考法を使います。

「お客さんが少なくても1カ月くらいはなんとかなるよ」「失敗しても一文無しからまたはじめればいいじゃないか」と、自分で自分に問いかけてみる。

いったん正反対のことを考えてみると、そこからいまの自分の状態へと、自然と逆算の方向で思考が導かれて、「意外と大丈夫かも」と安心感を得られたり、「こんな方法があるかも」と、見えていなかった可能性に気づけたりできるのです。

不安を感じると、体の症状として現れる人もいます。例えば、顔が真っ赤になって汗が止まらなくなる赤面症という症状は、いったん「真っ赤になると恥ずかしい」と思ってしまうと、「どうしよう、どうしよう……」とますます不安がつのり、とめどなく不安が重なっていく状態です。

そんな少し大変なときでも、「別に顔が真っ赤でもいいや！」「汗をどれだけかけるか挑戦してみよう！」くらいに正反対に思考を振り切っていき、いまの自分の状態をとらえ直してみる。

そうすることで、不安と正面から向き合いながらも、プレッシャーは確実に軽減されていくはずです。

逆説志向は、実際にセラピーとして広く行われており、赤面症や高所・閉所恐怖症、人間関係の恐怖症（特定の人と会うのが怖いなど）を治療するためによく使われている方法です。

「あいまいな不安」につぶされない

逆説志向をするには、勇気が必要ではないかと思う人もいるかもしれませんね。確かに、不安から逃げるのではなく、むしろ不安と正面から向き合う方法なので、ハードルが高く感じる人もいると思います。

そんなとき、わたしは頭のなかだけでするのではなく、文字に書き出して行うこともあります。最悪なケースを頭で想像するだけでも、漠然と不安を感じているよりはよほどいいのですが、振り切った思考をノートに書き出し、文字のかたちで可視化すると、さらに冷静に自分を見つめることができます。

そうして少しずつステップを踏んでいくと、「意外と平気かもな」と思えるようになり、最終的には、「なるようになるさ」「大丈夫だよ」と思えるところまで意識的に自分を持っていくことができるのです。

すでに重いうつ症状の人には難しいかもしれませんが、そうでないなら、人は不安を感じるのがふつうなので、効果的なアプローチになると思います。

いずれにせよ、あいまいな不安を、あいまいな状態で抱えておかないことが大切です。人は案外、あいまいな不安につぶされてしまっている面があるのです。

結局のところ、わたしたちはこれまで毎日を慌ただしく過ごすなかで、あえて自分を顧《かえり》みる機会が少なかったのかもしれません。

あるいは、将来のことのようなあいまいな不安を解消しなくても、毎日会社や学校へ通い、目の前の仕事や勉強、飲み会、イベント、またはスマホなどに時間を費やすことで、なんとなくごまかせた面があったのかもしれません。

でもいまの時代は、あらゆる不安を具体的に解消できずに、ごまかせない部分が吹き出してしまっているようです。だからこそ、あらためて自分の人生と向き合う「振り返り」の時間を持つことが大切なのだと感じます。

たとえ先が見えなくても、逆説志向を活用しながら、「最悪の場合、自分になにが起こるだろう?」「そうならないために、いまなにをしておけばいいかな?」と考えてみる。

それだけで、自分の人生をコントロールしている感覚が芽生えてくるはずです。

「ありのままの自分」を認める

ここまで、いまの時代にわたしたちが抱きがちな不安と、それを解消するための具体的な手がかりについて述べてきました。

さらに、不安と向き合うために必要な姿勢として、「ありのままの自分」でいる大切さについてお伝えします。

「ありのままの自分」とは、「自分という存在のあるがままを受け入れる」という意味です。そうするにはいったいなにをする必要があるでしょうか？

わたしは、大きくふたつのアプローチがあると考えています。

ひとつは、いまここにあるという意味での「ありのままの自分」です。

例えば、勉強や仕事をしていると、「なんかイライラするなあ」「どうして集中できないんだろう？」と思うことってありますよね？　これは「集中できていない自分」にフォーカスし過ぎている状態で、フランクル心理学では、「過度の自己観察」「過度の自己反省」と呼ばれます。

ならば、この〝過度〟を取り除くにはどうすればいいか？

それは、「集中できていない状態の自分がいまここにいること」を、ただそのまま客観視することです。

つまり、いま集中できていない自分を「メタ認知※」して、意識レベルで自分を許してあげる。イライラしている自分の状態をことさらに嘆《なげ》くのではなく、そのまま認めてあげるということです。

「いまはやる気が出ないけれど、おさまったらまたやれるから大丈夫だよ」と許してあげて、目の前のうまくいかないことではなく、違う方向へと目を向けていく。

余計な判断を加えずに、ただいまの自分の状態を眺めていくと、過度の反省が減っていくとされています。

これは禅やマインドフルネス（瞑想《めいそう》）にも通じる方法で、難しく感じる人もいるかもしれませんが、実は「ただ空を見上げる」（１４７ページ）など、本書で紹介する日常のなかで実践できる簡単な方法がたくさんあります。

とにかく「ありのままの自分」でいるためには、なるべく自分を責めないことが大切です。

「あ、いまイライラしているな」

「だったら5分休憩して空を見に行こう」

そのようにほんの少し意識を変えるだけで、いまここにある自分を取り戻すことができるでしょう。

※自分の行動や考え方、性格などを別の立場から見て認識すること

自分が本当にやりたいことはなにか

もうひとつのアプローチは、自分のメンタルを「自由」の方向へと開放していく、本来の自分という意味での「ありのままの自分」です。

先に述べたように、わたしたちは実に多くのものごとをモデリングして生きています。例えば、日本で生まれ育った人が、自然と日本語を読み、話すようになるのもそのひとつです。

ただ、そうして生きていると、多かれ少なかれその社会での常識や価値観、多数者

の意見などに強く影響されていきます。

「学校にはちゃんと行かなければならない」「いい会社に入らなければならない」「みんなと一緒に盛り上がらなければならない」というふうに、社会で広く共有される考え方に、知らないうちに束縛されてしまうわけです。

では、束縛の反対はなんでしょうか？　それは「自由」です。

つまり、あなたがいまどんな環境にあろうとも、いまここから、「本当に自分の好きなことをやってみる」こと。本当に楽しく感じることや、自然と心がワクワクするものに挑戦すること。

それが、「ありのままの自分」でいるために大切な姿勢となります。

自由とは、自分のメンタリティーを開放することです。

まわりの意見や価値観に束縛されているのは、客観的に見ればそれらに依存している状態ともいえ、放っておくとなかなか抜け出せなくなります。

とくに日本社会は同調圧力が強いといわれますから、メンタリティーを開放するのは最初は難しく感じるかもしれません。

「出過ぎた杭は打たれない」といいますが、なんとかして自分を開放させたいと思いながらも、「出る杭にもなれない」無力感を抱えている人がとても増えていると、わたしは自分の講座などを通じて感じています。

でも、これからの時代は、本当に自分の好きなことに打ち込む「自由のメンタリティー」を持っていなければ、自分にとっての大切な一歩が踏み出せず、時間ばかりが無為《むい》に過ぎていくことも往々にして起こり得ます。

もちろん、ただ自分が好きなことを自由にやるだけでは、快楽だけを追い求めたり、自分の主義主張にこだわり過ぎたりして、身勝手な人になりかねません。

そうではなく、大切なのは、自由には「責任」がともなうのを知ること。

そして、自由の裏にある責任を果たしていくことで、「ありのままの自分」の存在意義を感じることなのです。

自分のやりたいことを自由にやるためには、つらいことや障害があっても、「がんばろう」「楽しもう」と思えるための「よすが」が必要です。

それは自分の価値観や信念かもしれないし、かみ砕いていえば、「自分が本当に大切にするもの」です。

それを持つためにも、やはり「本当の自分とはなにか」をあらためて考える時間をつくり、「ありたい自分」の姿を描くタイミングが来ていると感じます。

●不安をエネルギーに変える「自己肯定感の6つの感」

「ありのままの自分」で生きることは、本書で具体的なメソッドとして紹介している「自己肯定感」を持って生きる姿勢につながっています。

自己肯定感が自分のなかにしっかり根づいていれば、不安を感じても、強いエネルギーに変えていくことができます。

とくに一般の人よりも不安を多く感じてしまう人は、ぜひ「わたしは多くの不安を感じられるエネルギーに満ちあふれているんだ」と、とらえ直してみてください。

ここで、自己肯定感について簡単に説明します。

自己肯定感とは、一般的には「自分自身が価値ある存在であると自分で認める感覚」のことです。

つまり、「自分には生きる能力があり、幸せになるだけの価値があると確信している感覚」のことで、より簡潔にいうと、「自分自身に『イエス』といえる感覚」のことです。

自己肯定感が高まっていると、人生の目的に向かう日々のプロセスにおいて達成感や充実感、生きがい（32ページ）を強く感じられます。もちろん、そんな人生なら、より幸せを感じて生きることができます。

わたしは自己肯定感を、フランクル心理学やアドラー心理学などの知見を踏まえて、「自己肯定感を構成する6つの感」として再構築しました。

①自尊感情

「自分には価値があると思える感覚」であり、自己肯定感を1本の「木」だとすると、土台となる「根」にあたる部分です。自尊感情が高い人は、自分に対して「なかなかいいよね」と誇りを持って生き生きと過ごすことができます。

②自己受容感

「ありのままの自分を認める感覚」であり、自己肯定感を支える、木の「幹」といえます。いいところも悪いところもひっくるめて「これが自分なんだ」と思える感覚のことで、自己受容感が高まっていると、失敗したり不安に駆られたりしても、「大丈夫、必ずなんとかなるよ」と人生を肯定できます。

③自己効力感

「自分にはできると思える感覚」であり、しなやかな「枝」にあたります。自己効力感が高まると、問題にぶつかったときに、「こうすればうまくいくんじゃないかな」と自分で計画を立て、自分の力を信じて前向きに対処できます。つまり、つまずいたときに再挑戦する力の源でもあります。

④自己信頼感

「自分を信じられる感覚」であり、「葉」にあたります。葉が光合成をして木を成長させるように、自分を信じることは人生を支える養分になります。たくさんの葉のように自分の世界を広げて、豊かに生きていくことができます。

⑤自己決定感

「自分で決定できる感覚」です。人間の幸福度は、「自ら人生をコントロールできている」感覚に比例するとされます。自分でなにかに挑戦して失敗することは、誰かにやらされて成功するよりも幸せを感じられるのです。自己決定感によって、人生における幸せという「花」を咲かせることができます。

⑥自己有用感

「自分はなにかの役に立っている感覚」で、「実」にあたります。誰かに「ありがとう」といってもらえると、人はうれしく感じるものです。まわりの人や社会とのつながりのなかで自分が役に立っていると自覚できるのは、果実のようなご褒美を受け取っていることに等しいのです。

●あなたは人生からなにを期待されているのか

自己肯定感が高まると、人生に「生きがい」を感じて過ごすことができます。

この生きがいについて深く探求したのが、わたしが日本でもっとも尊敬する、精神科医の神谷美恵子《かみやみえこ》さんです。彼女は、自信をなくして生きがいをうまく見出せない人は、まず「現状を肯定すること」が大切だとし、現状を肯定する「語りかけ」がファーストステップになるといいます。

つまり、現状を「まあいっか」と肯定し、たとえいまつらくても、「大丈夫だよ」「そのままでいいんだよ」と自分に語りかけてあげるということです。

そして次のステップが、自然を感じること。

「風って気持ちいいな」「緑の葉を見ていると落ち着くな」「土はこんな感触だったんだ」というふうに、あえて自然に目を向けていく。そうして自然を感じて、愛でていくことが、自分自身の新しい目覚めのきっかけになるとしています。

さらに、もし尊敬できる人がいるなら、その人のどんなところが尊敬できるのかを感じてみるのもいいといっています。これは、127ページの「レファレント・パーソン」というメソッドで紹介しますが、この3つのステップを踏むと、人生の生きがいを見出しやすくなると伝えています。

もちろん現状がつらいから、苦しんだり自信を失ったりするわけで、そんないまの状態を肯定するのは大変かもしれません。

しかし、生まれ育った環境であれ、突然襲ってきた災害であれ、それらを変えることができない以上、わたしたちはそこで生きる自分自身を、自ら強く肯定して生きるしかないのです。そんな可能性を感じるだけでも、わたしは人生を変えていくいいきっかけになると思います。

ですから、難しく考えずに、「あえて自分のいいところを探そう」くらいのカジュアルさで、ぜひいまの自分を肯定してあげてください。

多くの人はふだん、「本当の自分」や「ありのままの自分」をあまり考えないで生きています。しかし、そこに向き合わなければ、不安ばかりが積み重なっていってしまうのが、まさにこれからわたしたちが生きていく時代ではないでしょうか。

激動期を生きた先人であるフランクルは、こんな言葉を残しています。


人生から何をわれわれはまだ期待できるかが問題なのではなくて、むしろ人生が何をわれわれから期待しているかが問題なのである。

（『夜と霧―ドイツ強制収容所の体験記録』みすず書房）


いかなる状況にあっても「わたしの人生に無意味なことはない」と思い、自問自答しながら自分の正解を見つけていく。

自己中心的に自由や快楽を追い求めるのではなく、逆に不安や恐怖にとらわれるのでもなく、「自分の人生から、自分はなにを期待されているのか」を真剣に見つめていく。

そして、それを態度や行動として表現していく。

そうしているとき、あなたはきっと自分に対して、「もう大丈夫。」と思いながら生きているはずです。

01_19 Words/77

Chapter1

「ありのまま」でいい

あなたが幸せになるためには、いったいなにが必要なのでしょうか?
実は、その答えは自分自身のなかにあります。
なにも飾らない、自分の気持ちに正直な、むき出しのままの自分――。
そんな「ありのままの自分」でいられることが、あなたの幸せに直結しています。

「ありのままの自分」は、固定化されたものではありません。
むしろ、「ときや場所によって自在に変わるもの」といったほうがいいかもしれない。

なにより大切なのは、そんな自分をしっかり認めて、ほめて、信頼してあげることなのです。
そうして毎日を機嫌よくポジティブに過ごしていれば、やがて自分のまわりに存在する、たくさんの幸せに気づくことができるでしょう。

Chapter1
「ありのまま」でいい

Word 01

自分に自信を持って生きてください。自分に素直に生きてください。自分を信頼して生きてください

これは、わたしのこれまでの人生の旅路をいつも支えてくれた、アメリカの思想家ラルフ・ウォルドー・エマソンが残した言葉です。

「自分自身に素直である」とは、自分の価値観に従って生きるということを意味します。

一見これはあたりまえのように思えるかもしれませんが、実に厳しい道です。

なぜなら、多くの人は自分でも気づかないうちに他人の価値観に振り回され、むしろ他人の思惑に従順に生きてしまっているからです。

もちろん、人はひとりでは生きられない以上、他人を思いやり、他人の意見を聞き、

他人と支え合って生きる必要があります。
でも、それはけっして他人に従うということではないのです。
あくまでも、自分に自信を持って生きてください。
あくまでも、自分に素直に生きてください。
あくまでも、自分を信頼して生きてください。

そうすることで、他人を信頼して生きることができるし、他人からも信頼される人になれるでしょう。ただただ、自分に素直に生きてください。

Word 02

あなたの本当にやりたいことはなに？自分の目的地を決めたときから、新しい人生ははじまる

自分に素直に「生きる」というのは、「自分が本当にやりたいこと」をして生きる態度です。

「口でいうのは簡単だよ」と思いますか？

そんなあなたのまわりには、心ゆくまで人生を楽しんで生きている人たちはいませんか？

ふとスマートフォンを開くと、仕事が充実していたり、世界旅行を楽しんだり、幸せな家庭を築いていたりする知人の様子が目に入ってくるのではないでしょうか？もしかしたら、彼ら彼女らの様子を見て焦《あせ》り、やっかみ、後悔している自分がどこかにいるかもしれません。

でも、ここでひと呼吸おいてみてください。

そんなの、別にあなたと関係ないじゃないですか？

うらやましいとも、悔しいとも感じていいけれど、それはあなたの人生とはまったく関係のない、実にどうでもいいことではありませんか？
そんな気持ちは、いますぐに手放してしまいましょう。
あなたは、あなたの人生に集中する必要があるのです。
あなたが本当にやりたいことはなんですか？
自分の目的地を決めたときから、あなたの新しい人生がはじまるのです。

「Life is short.――人生は短い」

せっかくだから、本当のあなたで人生を楽しみませんか？

Word 03

嫌われないようにしても、あなたを嫌う人はいる。だから、「自分はどう生きていくか」を考える

わたしたち人間というのは、どうしても他人を気にしてしまいます。それでも、わたしたちがまず認めるべきは、すべての人に好かれることはあり得ないというその事実です。

例えば、誰かに「嫌われたくない」と思うとき、その裏には誰かに「好かれたい」という気持ちが潜んでいます。

しかし皮肉にも、誰かに嫌われたくないと思えば思うほど、人間関係はうまくいかないようにできています。

なぜなら、そこには「あなたがどうしたいのか」という本当の気持ちが欠けているからであり、他人に合わせているからです。

誰にも嫌われないようにどんなにいい人であろうとしても、あなたを嫌う人はこの世には確実に存在します。逆にいえば、あなたも誰かを理不尽に嫌っているかもしれません。いや、嫌っているでしょう。

だからこそ、「自分はどう生きていくか」を考えましょう。

少しずつ、他人から自分へと、意識を戻していきましょう。

あなたの人生のヒーローでありヒロインは、あなたなのです。

Word 04

幸せは求めて手に入るものではなく、自分で見つけ出すもの

幸せってなんでしょうか？

人によっていろいろな定義がありますが、わたしは、幸せは「気づくもの」だと考えています。

例えば、モノやお金、地位、ライフスタイルなど、なにかを追い求めてそれが手に

入ると人は満足します。

でも、幸せは満足とは違います。

大切なのは、「いいことに気づける力」なのです。

「今日は晴れてよかったな」

「こうしてみんなと話せて幸せだな」

そんな感じで、幸せは自分でいくらでも気づけるもの。だから、気づけば気づくほど、どんどん幸せになれます。


幸せのかたちは人それぞれたくさんあるし、見つけるポイントも一人ひとり違います。

だからわたしは、いつも「幸せに気づいて」とたくさんの人に伝えています。

「見つけてみて」「探し出してみて」といっています。

幸せは求めて手に入るものではなく、自分で見つけ出すものです。

Word 05

「それでいいんだ」と自分を肯定しよう。自分で自分にOKを出せると、幸福度が高まっていくから

自分や自分のまわりにあるいいことに、いっぱい気づいて、見つけて、探し出す。

それができる状態が、幸せです。

そしてもうひとつ大切なのが、見つけた幸せに自分で「OK」を出すこと。

「わたしはこの服を着ると気持ちいい」

「これが自分の個性」

そう自信を持っていえると、幸福感がどんどん高まっていくはずです。


このように自分に対して「OK」を出せることが、まさに「自己肯定感」です。自己肯定感が高ければ高いほど、いいことに気づく力が増して、相乗効果で幸福感も高

まっていくでしょう。

自分で気づき、そんな自分に「ＯＫ」を出す。

それができないと、他人と比べて落ち込んだり、他人を妬《ねた》んだり、批判したりしてつらくなり、相対的に幸福度が低くなっていきます。

まず、自分なりに幸せに気づく回数を増やしていく。

そして、「それでいいんだ」と、自分をまるごと肯定する姿勢が大切です。

自分を信じて大丈夫！　雨が降るから、虹が見えるのです。

Word 06

いいことも悪いことも、すべてを丁寧に味わい尽くす。そこから幸せがはじまる

いいことに気づくためには、ふだんから丁寧に楽しみながら生きる姿勢が必要です。わたしは、問題やトラブルまでも含めて、「すべてを味わっちゃえ！」といつも思っています。

つまり、ネガティブなものごとも味わってしまうのです。実際にはあまりないですが、仮に誰かと喧嘩しても、丁寧に喧嘩をして、それを味わうというイメージです。

ネガティブな出来事も誰かがなにかをやったから起きたわけで、わたしはすべてが大きな変化のプロセスの一環だととらえています。ネガティブな事象だけを取り出して否定するのは、原理的におかしいのです。

だからこそ、最初に「すべてを楽しもう」と思うことがとても大切。

個人の力ではいかんともしがたい災厄《さいやく》でも、大きな変化のプロセスの一環ととらえれば、そのなかの変えられる部分に気づけます。

いいことも悪いことも、すべてを丁寧に味わい尽くす。そんな姿勢から、幸せがはじまっていきます。

ネガティブなことの数でなく、幸せの数を数えて生きよう。

Word 07

「マイナスになるのは、プラスになるための準備。人生の波を楽しむほど、幸せになれる」

人生は、上がったり下がったりの繰り返しです。

でも、ずっと平坦では逆に恐くなるし、上がってばかりも落ち着かないので、わたしは「波があるくらいでちょうどいいんじゃないかな」と思っています。

もう少しいうと、わたしは、人生をプラスとマイナスを左右横軸にした螺旋《らせん》のようなかたちでとらえています。

つまり、プラスとマイナスを行ったり来たりしながら、上がっていくイメージです。プラスとマイナスの振れ幅が大きいほど、上がっていく力（弾性）が大きくなるように感じています。

郵 便 は が き

おそれいりますが
63円切手を
お貼りください。

1 0 2 8 6 4 1

東京都千代田区平河町2-16-1
平河町森タワー13階

プレジデント社

書籍編集部 行

フリガナ		生年（西暦）　　　年	
氏　名		男・女	歳
住　所	〒 TEL　　　（　　　）		
メールアドレス			
職業または学校名			

ご記入いただいた個人情報につきましては、アンケート集計、事務連絡や弊社サービスに関するお知らせに利用させていただきます。法令に基づく場合を除き、ご本人の同意を得ることなく他に利用または提供することはありません。個人情報の開示・訂正・削除等についてはお客様相談窓口までお問い合わせください。以上にご同意の上、ご送付ください。

<お客様相談窓口>経営企画本部 TEL03-3237-3731

株式会社プレジデント社　個人情報保護管理者　経営企画本部長

この度はご購読ありがとうございます。アンケートにご協力ください。

本のタイトル

●ご購入のきっかけは何ですか?(○をお付けください。複数回答可)

1 タイトル　2 著者　3 内容・テーマ　4 帯のコピー
5 デザイン　6 人の勧め　7 インターネット
8 新聞・雑誌の広告（紙・誌名　　　　　　　　）
9 新聞・雑誌の書評や記事（紙・誌名　　　　　　　　）
10 その他(　　　　　　　　)

●本書を購入した書店をお教えください。

書店名／　　　　　　　　（所在地　　　　　　）

●本書のご感想やご意見をお聞かせください。

●最近面白かった本、あるいは座右の一冊があればお教えください。

●今後お読みになりたいテーマや著者など、自由にお書きください。

どうもありがとうございました。

要するに、波乱に満ちた人生は、幸せになれるチャンスが多いということを意味します。マイナスな体験でも、しっかりと味わって楽しんでいれば、やがて人生は上がっていくでしょう。

でも、「わたしって不幸だな」と閉じこもっていると、ぐるぐると下へ沈んでいってしまいます。

マイナスになるのは、プラスになるための準備です。

そのため、どんな自分であっても、常に「ＯＫ」を出せる自己肯定感が必要なのです。

Word 08

人生の寄り道にこそ、たくさんの宝物がある。寄り道をしたからこそ、近道を探すことができる

わたしにには、過去に自分なりに大変な出来事がたくさんあって、10年間家から出られなかった時期がありました。

でも、そんな浮き沈みや辛苦を経験したからこそ、人生の振れ幅が大きくなって、自分を上昇させる力へと変えられた実感があります。

また、ある種の「勘」を働かせる力も強くなりました。

要は、プラスとマイナスの振れ幅の大きさのなかで、自分が次に取るべき行動を予測したり発見したりする力も、実地で身についたと感じています。

苦労をしたほうが、人生にとって得なのです。

大変な経験をしたからこそ、ささやかな幸せを感じることができる。人はつい「大変な目に遭わないように」と考えますが、実は遠回りのなかに大きな発見があります。人生の寄り道にこそ、たくさんの宝物がある。

そして、たくさん寄り道をしたからこそ、自分なりに近道を探せる力も身につくのでしょう。

たくさんの景色を見たあなたは、「幸せへの近道」という宝物を手に入れたのです。

Word 09

肯定的な側面を見て歩いていると、チャンスに気づく可能性が高まっていく

たくさんの寄り道をしながら人生を歩むとき、大切なのは、ものごとの肯定的な側面を見て歩くことです。

人生で起きるどんなものごとも肯定して生きていると、驚くほどたくさんの発見ができます。自分の限界を突破し、チャンスに気づく可能性も勝手に高まっていきます。

チャンスというものは、きっといつだって目の前にある――。

いつも否定的にものごとを見る人は、肯定的な面を発見できず可能性がどんどん狭まっていきます。それは、自らが自らの可能性を否定するに等しい行いです。

自分のやりたいことや生きがいは、いつだって手の届くところにあると考えましょう。その事実に気づき信じて生きるからこそ、可能性が高まっていくわけです。

やはり、人生の「いいこと探し」をする姿勢が、とても大切なのです。

肯定的な面を発見する力を、あなたはすでに持っています。

否定的な面を探す人は自分の可能性を自ら制限し、肯定的な面を探す人は自分の可能性を無限大にしていくでしょう。

Word 10

ありのままのあなたを感じましょう。
あなたが信じるものを信じましょう

わたしは、自分の「直感（フィール）」を大切にして生きています。これは、自分が行動を起こすときもそうだし、人間関係を築くうえでも大事なものだと考えています。

例えば、仲がいい友人から「これやらない？」と誘われたら、「お、やろう！」と無理なく思えますよね。でも、同じことをほかの誰かからいわれたら、「え、どうしようかな……」と迷うときはありませんか？

こんなことも、直感からのサイン。同じ言葉でも、誰にいわれるかによって「やろう！」と思えるかどうか、フィーリングが変わってしまうのです。

とてもおもしろい現象ですが、そんな直感が教えてくれる判断をわたしは人生で優先するようにしています。

直感を信じられるようにするには、広い視野を持つこと。そして、自己肯定感を高めていくと、どんどん視野が広がって直感を磨くことができます。

自分の直感を信じて行動しようと心がけていると、「ありのままの自分」でいられる時間も、どんどん増えていくでしょう。

ありのままのあなたを感じましょう。
あなたが信じるものを信じましょう。

Word 11

ときには「待つこと」も大事

直感を扱うのは、難しいときもあります。なぜなら、直感とはあなたの心と体で感じる正直な感情のため、それに従って、とかくすぐに行動しがちだからです。

もちろん、直感でワクワクするときの判断は成功やチャンスを招くので、どんどん行動に移せばいいいと思います。

気をつけたいのは、直感的に怒りや嫉妬といった感情に火がついてしまったとき。後先考えずに体が動いて、ネガティブな状況を招きかねません。

つまり、自分の直感を信じるのは大切ですが、ときには「待つこと」も必要だということです。

「自分の直感がこういっている。でもわたしはいつだって直感に従える。だから、いまは待とう」

そんなふうにして、自分の直感を心から信じるからこそ、ひと呼吸おくこともできるのです。

多くの植物は1年に1回花を咲かせます。

それ以外の時間は、花が咲くのを楽しんで待っています。

そうして、美しい花が咲きます。

Word 12

「ありのままの自分」は変幻自在

「ありのままの自分」で生きるのは、とても幸せな状態です。でも、ありのままの自分は、ひとつに固定化された状態ではないと知っておく必要があります。

わたしは、ありのままの自分は、変幻自在だととらえています。人間はそもそも多様性に満ちていて、ありのままの自分はそのときの条件や場所によって、まったく変わります。「こっちの場所ではこの自分」「あの人にはこの自分」というふうに、ありのままの自分がたくさんあるわけです。

思えばまわりの人にも、ありのままの自分がたくさんあるわけで、そのくらいのしなやかさを持っておくのがむしろ必要なこと。

だから、ありのままの自分で生きるのは難しくありません。「あの人に見せている態度と違う！」などと、あなたの言動を責める権利は、本来誰にもありません。むしろ誰にでも、どんな状況にも対応できるのが、ありのままの自分。自分の状態をひとつに決めつけると、あなたのなかにある多様な才能を活かせなくなって、とてももったいない。

どんなときでも、自分のいいところを見つけられる状態が、ありのままの自分で生きるということなのです。

柳の枝はどんなに雪が積もっても、しなるだけで折れません。

ありのままのあなたが、いちばん、無敵です。

Word 13

「ありのままの自分」を受け入れよう。あなたは、あなたのままでいい

ときと場合によって変わる、「ありのままの自分」。まず、その存在を自分で感じてください。

すると、好きなことをして楽しいときの自分だけが、ありのままの自分ではないと

気づくはずです。

例えば、家族のなかで窮屈な自分を感じるのも、ありのままの自分です。そんな自分もまた、すべて受け入れていいのです。

逆にいえば、あまり帰りたくない家があるからこそ、仕事に打ち込める自分がいるかもしれません。そのように、ものの見方を変えていくだけで、新しい景色が次々と見えてきます。もしかしたら、仕事で成果が上がると自信につながって、結果的に家庭にいい影響を与えるかもしれません。

時間や場所、条件によって変化する自分が、まさにあなた自身。それらを、すべて受け入れる気持ちが大切。

艱難辛苦《かんなんしんく》すべて含んでいるのが、ありのままの自分なのです。

たとえ誰かが、「あなたは間違っている」といったとしても、その人が間違っているかもしれません。あなたは、あなたのままでいいのです。

Word 14

誰かのためによろこび悲しむのは、人間に許された特権

人は、ひとりでは生きていけません。

これは、はるかむかしの狩猟採集時代から続く、人類に備えられた本能です。人類は、さまざまな外敵や環境の変化に対応して生き延びるために、集団で行動し、生活を営んできました。

逆にいえば、誰かとつながり、誰かのためによろこんだり悲しんだりできるのは、人間の特権なのです。最近では、ほかの動物にもたくさんの感情があることが知られるようになりましたが、人間ほど複雑な感情を持つ動物は存在しません。

わたしたちは、誰かの役に立っていると感じるからこそ、がんばれるし、よろこび

を感じられます。

もちろん、ひとりだけの楽しみを大切にして生きていくのも、素晴らしいことかもしれない。でも、もしかしたら、その楽しみをわかちあえる人が、あなたのすぐそばにいるかもしれません。

勇気を出して自分をさらけ出し、誰かのためによろこび、悲しむことができると、幸福感はもっと高まっていきます。

Word 15

心にもっともいいのは、相手を気にかけること

誰もが、まわりの人たちに「認められたい」と思って生きています。なぜなら、人

間には、根源的な承認欲求があるからです。

もちろん、自分の人生に集中するのは大事ですが、同時に、まわりにいる人たちの「いいところ」を認めてあげるのもとても大切なこと。

相手の存在を認めると、相手の心が開きます。

どんなときも、まずはあなたから相手を認めるようにしてみましょう。なにも大層なことではなく、相手のいいところを見つけて、「いい感じですね」「今日も素敵ですね」と言葉をかけるだけで十分です。

すると、あなたの心もどんどん開いていきます。

心にもっともいいのは、相手を気にかけることなのです。

それは同時に、自分を気にかけていることを意味します。あなたが、自分自身を大切にしたことになるのです。

Word 16

自分を好きになると世界の見え方が変わり、まわりの世界も変わっていく

みなさんは、自分を好きになることでその幸せが波及し、まわりにいる人も幸せになっていくと思いますか？

わたしの考えはこうです。自分を好きになると、まず世界の見方が変わります。そうして結果的に、まわりの世界も変わっていくように見えるのだと思います。

つまり、自分が幸せになると、まわりの人も幸せになるというよりは、まわりも幸せに「見えてくる」感じといえばいいでしょうか。

そして、まわりの人が幸せに見えてくると、自分もより幸せを感じられるようになっていきます。

幸せの感度が、どんどん高まっていくのです。

例えば、ネガティブな人や、まったくソリが合わない人がいたとしても、自分が幸せな気分でいると、「いろいろな人がいるよね」というノリで、いいところ探しをする余裕ができますよね？

でも、まったく幸せな気分でなければ、「ああ、なんだか嫌な世の中だな……」と落ち込んでしまうでしょう。

だからこそ、まず自分を好きになることが大切なのです。

それによって、世界の見え方が一変します。

運命の主人公は、あなたです。

Word 17

「自分を信じれば、他人も信じられます。
自分を愛せば、他人も愛せます。
自分を肯定すれば、
周囲の世界を全部肯定できます」

自分を好きになるというのは、自分にはいろいろな面があると理解してあげることではないでしょうか。

「自分を好きになってどんどんほめよう！」というのではなく、「自分って本当にいろいろな面があるんだ。それってすごいな」という感覚です。

自分のなかにいろいろな自分がいてもまったくかまわないし、いいところも嫌なところもすべて価値があると考えれば、自分のなかにあるあらゆる面がすごいということになります。

それが、自分をまるごと肯定する姿勢です。

自分を否定すれば、他人も否定します。
自分を信じれば、他人も信じられます。
自分を愛せば、他人も愛せます。
自分を肯定すれば、周囲の世界を全部肯定できます。

Word 18

人間は善き心で生まれ、生まれながらに前進していく

自分のことを幸せに思うといっても、わたしは、そもそも人間は生まれながらに幸せだと考えています。

あたりまえのことですが、産声をあげた瞬間に、「あいつが許せない」「あの人をこらしめてやろう」などと思う人間はいませんよね？　生まれたばかりの赤ちゃんは、ただ本能のおもむくままに必死に生きているだけです。

まさに人間は善《よ》き心で生まれ、生まれながらにして前進しているのです。

過去にどれだけ苦しい出来事があったとしても、「自分は生まれながらに幸せなんだ」とまず、自分でそう確信することが大切なのでしょう。

あなたの人生は、あなたが動かせるものです。

Word 19

あなたは、いまでも十分に幸せ

あなたは、一歩前へと進んでいくとき、なにかが足りないから進むのでしょうか？人生にはそんなときもあるかもしれませんが、できるなら、「いまでも十分に幸せ」と思いながら歩を進めてほしいのです。

「足りない」と思っていると、人は幸せではなく、「満足」を追い求めてしまいます。そして、満足には際限がありません。なにかを手に入れても、さらに違うなにかを求め、心が常に揺れ動き続けます。

でも、「いまでも十分に幸せ」だと感じていると、いまここにある幸せを味わいながら、人生を歩んでいくことができます。

これは、感情を自分でしつける方法です。「できなかった」「また失敗した」と足りない面に注目するのではなく、「ここまでできた」「失敗したからこそ学べたんだ」と、いまの幸せに心を向けましょう。

だからこそ、いまこの瞬間に、幸せな人生を歩めるのです。

「あれかこれか」でなく「あれもこれも」全部よかったと思えた瞬間から、あなたの心は満ち足りて、幸せになっていきます。

20_37 Words/77

Chapter2

「とらわれ」から解放される

不安や恐れの感情、自信のなさ……。

いま、実に多くの人が、ネガティブな感情にとらわれて生きています。

また、過去のつらい記憶に悩み、激しい後悔にさいなまれている人もたくさんいます。

毎日のように襲ってくるそんな感情に、わたしたちはどのように向き合えばいいのでしょう？

大切なのは、ネガティブな思いも過去のつらい記憶も、すべては自分がつくり出していると知ることです。

過去に起きた出来事は変えられませんが、自分の気持ちはいつからでも変えられます。

そう、あなた自身に主導権があるのです。

ネガティブな感情をうまく手なずけて、「とらわれ」から自分を解放していきましょう。

Chapter2
「とらわれ」から解放される

Word 20

人生とは、あなたが感じ、思ったように動くもの

自分に従って生きていると、自分に自信が持てるようになり、新しい人生を切り開いていく勇気が湧いてきます。そして、「ありのままの自分」で生きる幸せを手に入れることができます。

一方、わたしたちは不安や恐れ、自信のなさといったネガティブな感情も、自分自身でつくっています。苦しみも後悔も、実はすべて自分でつくっているのです。わたしたちの感情は、すべて自分でつくり出したもの。まず、この事実に気づいてほしいと思います。

不安や恐れなどにさいなまれているとき、あなたは自分で自分を信じることができ

ていません。

でも、あなたの感情はあなただけが変えられるもの。

つまり、不安や恐れや自信のなさにきちんと向き合うことができれば、それらを自分でなくしていけるということです。

自分の感情や思考に気をつけてください。人生とは、あなたが感じ、思ったように動くものです。

Word 21

起きてしまった過去は変えられない。忘れられない過去の記憶は、そのまま放置しよう

ネガティブな過去の記憶は、わたしたち自身がつくり出しているものです。

嫌な出来事や失敗した経験というのは、脳に深く刻み込まれ、どうしても意識して

しまうでしょう。

「同じことは二度と繰り返したくない」

そう強く願うからこそ、その記憶が忘れられなくなる。そうしていくうちに、自分を信じる力がどんどん失われていくのです。

では、いったいどうすればいいのでしょう？

まず、忘れられない嫌な記憶は、そのまま放置しましょう。起きてしまった過去の出来事は変えられません。だから、嫌な記憶は放置することです。

「ま、いいか」とあきらめて、ほったらかしにする。

大切なのは、そのあきらめに自分で「納得」することです。そうすれば、人間の脳は優先順位を理解し、嫌な記憶を自然と忘れるように働いていきます。

気持ちを少し切り替えるだけで、輝く未来へと向かう勇気が湧いてくるでしょう。

Word 22

後悔とは、情熱のすごさの証。後悔のなかにこそ、未来の幸せの種がある

あなたは、過去の出来事を思い出して、激しい後悔の念に駆られるときもあるでしょう。

でもわたしは、後悔はいっぱいしてもいいと考えています。なぜなら、後悔するのはそれだけ自分の思いが強かったことを意味するからです。後悔とは、いわば自分の情熱のすごさの証です。

だから、「それだけ思いを乗せて、情熱を傾けることができた自分はすごい！」ととらえましょう。

後悔している自分を、まるごと肯定してあげてください。

「後悔している自分なんか肯定できない」と感じるなら、それは自分のなかに、「後

悔ばかりする自分はみっともない」という思い込みがあるだけかもしれません。どうせ思い込むなら、後悔にさいなまれるのではなく、後悔を肯定する。そして、「悔しかったな」「次はこうしよう」と、ポジティブな思い込みに変えていくのです。

後悔のなかにこそ、未来の幸せの種があります。あきらめずに、その種を見つけてください。

幸せの種はあなたのなかにきっとあるから、必ず見つかります。

Word 23

自分を他人と比べないでください。あなたは、あなたの人生を歩めばいい

不安や自信のなさといった気持ちにとらわれるとき、多くの場合、自分と他人を比べてしまっています。

「あの人の家庭はいつも幸せそう」
「あいつのほうがいい会社に勤めている」
「彼女は美人だから」

確かに、人は他人が気になる生き物です。人間には「承認欲求」があり、「他人の役に立ちたい」という強い思いが、よりよい行動を引き出してくれる場合もあります。
でも、自分に自信がないときは要注意。承認欲求によって、他人からの評価を求めてしまうのです。そうなると、常に他人の目を気にするようになり、自分の人生をうまく生きられなくなってしまいます。

どうか、自分を他人と比べないでください。
あなたは、あなたの人生を歩めばいいのだから。

比べるなら、昨日までの自分と比べて、一歩でも半歩でも前に進んでいくことに、心をくばっていきましょう。

Word 24

すべての悩みは、あなたの「とらわれ」から生まれている

あなたがいま抱えている悩みは、いったいどこからやってきたのでしょう？

「その悩みの原因になったものごとから生じているに決まっている」と思うかもしれませんね。

例えば、人間関係の悩みなら上司やパートナーの性格、お金の悩みなら借金などと、悩みの原因は一見あきらかです。

でも実は、悩みの原因に働きかけてもあなたの悩みが解消されることはありません。

原因をひとつ取り除いても、しばらくすると似たような悩みがやってきます。いったいなぜ？

それは、すべての悩みは、あなたの「とらわれ」から生じているからです。

もし、自己嫌悪にとらわれているなら、自分の嫌な部分（わたしは可愛くない、頭がよくない、うまく話せないなど）をいつも気にしています。そのため、ある場面で運よく悩みの原因がなくなっても、自分の嫌な部分がときと場所を変えて、次から次へと現れるのです。

かくいうわたしも、かつて多額の借金を抱えていたときは、お金にとらわれていました。いつも、「お金が足りない」「お金さえあれば……」と考えていたのです。

でも、そのとらわれをなくし、「お金」から「みんなの幸せ」へと焦点をうつしたときから、少しずつ悩みが解消されていきました。

あなたの悩みの原因は、あなたの外ではなく、あなたのなかにあります。「とらわれ」をなくしていくことが、なにより大切なのです。

「とらわれ」を手放して自分を許し、人生の自由を手に入れましょう。

Word 25

未来のストーリーを否定的にかたちづくるのではなく、未来のストーリーを肯定的に描く

あなたには、なんらかの「とらわれ」があると思います。でも、どうせ「とらわれ」を抱えて生きるなら、いい「とらわれ」を持って生きてみるのはどうでしょうか？

わたしはいつも、「根拠なき自信」こそが、絶対的な自信だと考えています。

最終的に「なんとかなる！」と思っているか、「なんともならないかも……」と不安になっているかで、人生はまったく違うプロセスをたどることになります。

そして、「後悔したくない」「もう悲しみたくない」と考えるのではなく、いっぱい悔しがって、いっぱい悲しんでしまえばいい。

未来のストーリーを否定的にかたちづくるのではなく、最終的に「なんとかなる！」ととらえて、未来のストーリーを肯定的に描いていく――。

あなたにはいま、その自由が与えられているのです。

Word 26

「おおいに自分をほめましょう。そこにいるだけで、あなたは素晴らしい存在なのだから」

どれだけ肯定的に生きていても、嫌なことから逃れられない場面はあります。会社で理不尽に人から責められるような場面は、その典型かもしれません。

そんなときは、その瞬間、自分をおおいにほめてあげてください。

「こんな場所にいられるなんて、自分はなんてすごいんだろう」

そうして意識的に自分を肯定し、その場を乗り越えてしまいましょう。ただでさえ人に責められているのに、自分までが自分を責めていてはつらいに決まっています。「こんな場所にいる自分が嫌」という感覚でいると、自責と他責の両方にとらわれてしまいます。

もちろん、本当に嫌なら逃げるのはありです。でも、常に逃げていては、それもまた肯定的な感覚になれません。

そうであるなら、自分がいまいる場所で「自分はすごいな！」と思ったほうがいいと思いませんか？　そこにいられる自分を、自分だけはおおいに肯定してあげましょう。

すべてを自分で背負わなくていい。

自分でやらなくていい。

おおいに自分をほめましょう。そこにいるだけで、あなたは素晴らしい存在なのだから。

Word 27

ありのままの自分で生きる勇気があればいい。安定していても不安定でも、どちらでもいい

幸せを願う人のなかには、とにかく「安定したい」という人がたくさんいます。確かに、ふだんの生活、仕事、お金、人間関係などが不安定なままでは、幸せを感じにくいかもしれません。

ただ、安定というのは幸せの要素のひとつに過ぎません。安定にとらわれると、安定しているという理由だけで、望まない仕事や人間関係に人生の時間を奪われかねません。

そして、そんな状態に耐えられなくなると、結局は不安定になってしまいます。

大切なのは「幸せになること」です。

安定していても不安定でも、どちらでもいい。

まず、ありのままの自分で生きる勇気が必要なのです。ありのままの自分で生きて、本当に自分がしたいことをしましょう。そうするだけで、幸せに一歩近づくことができるはずです。

Word 28

自信がなくなったらチャンス！チャンスはいつもあなたの目の前にある

不安というのは、行動を消極的にさせます。

なぜなら、自分がまわりから無能だと思われたくないために、あらかじめ自分に「言い訳」を用意し、ものごとに正面から向き合うのを避けるようになるからです。

大切なのは、ものごとを達成するメカニズムを知ること。失敗は恐いしできれば避けたいでしょう。でも、行動しなければ、次のものごと自体が起こらないし原理的になにも達成できません。

そこで、なにか行動を起こすときは、「失敗してもほとんどの場合たいしたことは起こらない」と考えるのです。

つまり、不安や恐れを感じたままむやみに行動するのではなく、まずポジティブな感情や思考を持つ。

そうしてはじめて、効果的な行動となるのです。

わたしの場合は、いつも「自信がなくなったらチャンス!」と思うようにしています。チャンスはいつもあなたの日の前にある。そこに気づけるかどうかが、人生を大きく左右していきます。

Word 29

自分に合った環境を「動詞」で考えると、幸せに気づきやすくなる

自分に合った環境を見つけていくことは、不安をなくし、幸せに生きるために大事なことです。わたしは自分に合った環境を探すとき、いつも「動詞」で考えるようにしています。

自分がどんな行動をしているときに、もっとも幸せを感じるのかを探るのです。

例えば、「人と話をする」のが好きなら、接客業についていれば、お客さんとのコミュニケーションで幸せを感じるでしょう。「なにかを創造する」のが好きなら、事務の仕事をするなかでもクリエイティブな方法を編み出せるかもしれません。「人の役に立つ」のが好きなら、みんなが笑顔になる方法を考えるとやりがいが出てきます。

つまり、「その場所で自分はなにをするのか」ということがすべてなのです。自分の好きな「動詞」を活かすのが、幸せへの道。

多くの人は、自分に合った環境を「名詞」で選びがちです。すると、単なる職業名に縛られて、自分が感じる幸せをなおざりにしたり、ネームバリューだけでやりがいを感じられない仕事を選んだりして、どんどんつらくなってしまいます。

わたしたちは「動物」です。自分が小さいころから親しみ、楽しく感じてきた「動詞」をいっぱい探し出せれば、自分の幸せにより気づきやすくなります。

そして、待つのではなく動きましょう。

あなたの人生は、あなた自身でデザインするものです。

Word 30

不安や恐れを感じていても、まったくかまわない

不安や恐れ、自信のなさといった感情は、否定すればするほど強まっていきます。

「わたしはなにをやってもダメ」
「人前に立つとどうしても自信が持てない」
「あの人がいると恐い」

そう思っていると、大切な人生がますます不安や恐れでいっぱいになってしまいます。

そこでわたしが伝えたいのは、不安や恐れを感じている自分がいてもまったくかま

わないということです。

まず、いまの自分を思いきり認めてあげてください。そして、そのあとにこう強く信じてください。

「そうではない自分も、きちんとここにいる」

あなたのすべてが、不安や恐れに満ちているわけじゃない。新しい可能性にあふれた素晴らしいあなたも、同時にここに存在します。その事実を強く信じてほしいのです。

不安や恐れとは反対側にいるそんな自分を信じると、少しずつ思考のゆがみが直っていきます。そして、一歩ずつ進んでいくことができます。

Word 31

他人に振り回されなくていい。「これがわたし！」と信じて生きる

不安や恐れの多くは、他人の視線を意識することで引き起こされています。

でも、他人を意識するのはやはり自分。そこで、不安や恐れを感じたときは、それが「自分の課題」なのか「他人の課題」なのかを、しっかり分けて考えてみましょう。

これは、アドラー心理学の中心的な理論のひとつですが、「他人の課題」に自分が踏み込む必要はありません。

つまり、「あの人はどう思うだろう？」「できない人だと思われないだろうか？」といった不安や恐れは、あなたが真剣に悩むべき課題ではないということです。

それらはすべて、「他人の課題」なのだから。

もう、他人に振り回されなくていい。

「これがわたし!」

そう信じて生きることこそ、幸せへの一歩です。

Word 32

「言葉が人をつくる。ポジティブな言葉が、ネガティブな思い込みを書き換えてくれる」

とめどなく不安にとらわれてしまうとき、あなたはネガティブな「思い込み」を、自分で否定できなくなっています。いったんそうなると、自分に対する信頼感が下がり、ますます不安になる悪循環に入ってしまいます。

そんなときは、しっかりと声に出して「悩むの、もうやーめた!」といいましょう。

自分自身と、ネガティブな思い込みをきっぱり切り離すのです。そして、口ぐせのように何度も繰り返しましょう。
たったそれだけのことですが、言葉の力は絶大です。自分が発したポジティブな言葉が、ネガティブな思い込みを書き換えてくれます。

言葉が人をつくります。
言葉が、「悩むのをやめる」あなたをつくってくれます。
そして、どんなことがあっても自分をほめましょう。
自分をほめる1日を意識的につくりましょう。

Word 33

「不安や恐れを感じたときは、「点数」をつけるとその感情をやわらげることができる」

強い不安や恐れを感じたときは、「点数」をつけると、その感情をやわらげることができます。人間には、「見える化」した瞬間、安心感を得ることができる特性があるため、感情というかたちのないものにあえて数値というかたちを与えるわけです。

まず、これまでの人生のなかで、最悪の不安や恐れを思い出してみてください。そして、それを10点満点として、いま感じている不安や恐れに点数をつけます。

いかがですか？　過去最悪のものに比べれば、せいぜい4〜5点ではありませんか？

もし、8〜9点だと感じるなら、すぐにその場から離れてリラックスできる時間をつくってください。誰にかまう必要もありません。あなたの心と体を守るのが先決です。

実際に、ネガティブな感情を数値化すると、脳で過剰になった扁桃体《へんとうたい》（不安や恐れを感じたときに活動する部位）の働きが低下することがわかっています。

これは「エモーショナル・スケーリング」という方法で、いわば人生最悪の不安や恐れが、いまの不安や恐れを鎮《しず》めるための、便利なツールとして使えるのです。

Word 34

あなたが落ち込んでいる瞬間、世界や宇宙ではまったく関係のない出来事が起きている

「ちょっと疲れたな」と感じたとき、わたしはスマートフォンで、世界各地のいまの様子が映った映像をただ眺めます。

自分が落ち込んだり、悩んだりしているとき、まったく同じ時間に世界ではなにが起こっているのでしょうか？

わたしの場合は、大自然や風景の写真をよく見ますが、遠く離れた場所の美しい景色やそこで生きる動物たちを見ていると、さっきまで頭の多くを占めていた悩みが小さく思えて、おのずとネガティブな感情がなくなっていきます。

わたしたちは、悩みや不安にとらわれるほど見える世界が狭くなります。ひどい場

合には、そのネガティブな状態が、世界そのものだと考えてしまうこともあるでしょう。

そんなとき、「自分が落ち込んでいる瞬間、世界や宇宙ではまったく関係のない出来事が起きている」とわかると、視野と考え方の幅が広がります。

そして、本来の自分に戻っていくことができます。

生きているだけで丸儲け――。

落ち込んだのは、あなたががんばってきた証。

あなたは、あなたのままでいい。

Word 35

ネガティブな感情は、大海原に垂らそう

どんなに自分を肯定して生きていても、誰しも不安や恐れにとらわれるときはあります。そんなときは、ネガティブな感情を客観視することが大切です。

例えば、いま感じている不安を、真っ黒なインクだと想像してみてください。これをコップの水に混ぜれば、水は真っ黒になってしまうでしょう。不安に満ちた状態です。

でも、このインクを大海原に垂らしてみれば……？　当然ながら、海はまったく変わりません。すると、いまここにある不安がたいしたものではなく思えてきませんか？

もちろん、それだけで不安や恐れは解消しないかもしれません。ただ、このようにほかのものに置き換えて眺めることで、不安や恐れに適切に対処するという姿勢が大切なのです。

あなたがいま感じているネガティブな感情が、あなたにとって本当の気持ちなのは確かです。

でも、それを大海原に垂らしてみると、それほど致命的でもないということも、また事実だと考えられるのです。

人は、小さなことにとらわれなくなったときに、自由になれます。

考え過ぎないことです。

Word 36

トラウマになるほどの強い思いこそが、いまの大切なあなた自身

わたし自身も体験しましたが、過去の出来事が激しいトラウマとなって、人生につきまとうことがあります。過去に、誰かに手ひどく裏切られたのかもしれないし、大切なものを失ったのかもしれません。

ただ、わたしが伝えたいのは、トラウマになるのはそれだけ自分にとって大切な出来事だったからだということ。何度も繰り返し思い出すほど、そこにはあなたの強い思いがあるはずです。

その思いこそが、まさにあなた自身なのです。

いま目の前にあるのは、過去の出来事ではなく、いまのあなたの思いだけです。どうか、その思いを大切にしてください。

あなたはなにも悪くない。
忘れようとしてもがく必要もない。

あなたがこれから生きていくための支えになる、強い思いだけがここにあります。

Word 37

「死にたい」と思うのは、生きることを真剣に考えたから

あまりにマイナスの感情にとらわれると、人は死を思う場合があります。わたしも、

かつては強い不安や悩みにとらわれて自殺未遂を繰り返す時期があったので、そんな気持ちはよくわかります。

でもある日、はっと気づいたのです。

「これだけ死にたいと願うほど、僕は生きることにこだわっている」

いつも死ぬことを考えているし、死ぬ準備はできている。いつだって死ねる。でも、いつでも死ねるからこそ、苦しいまま生きてみてもいいかもしれない。そう思ったのです。

逃げてもいいし、不完全なままでもいい。

自分で自分を追い詰めなくてもいい。

「死にたい」と思うほどがんばった自分を許し、認めてあげて、そのままの自分で生きていけばいいのだから。

あなたはひとりぼっちじゃない。
足りないことも埋めなくていい。
あなたの泣き顔は美しいのです。

38_52 Words/77

Chapter3

自分を全肯定する

目の前にある「幸せ」に気づき、ネガティブな感情を手なずければ、あなたは一歩ずつ前へと進んでいくことができるでしょう。

そこで、その歩みをより力強いものにするために、あなたは常にポジティブなエネルギーで自分自身を包んでいく必要があります。

それこそが、「自己肯定感」のパワーです。

「自己肯定感」は、あなたという存在を支えるエネルギーのこと。そして、うれしいことに、「自己肯定感」は意識的に高められるのです。

あなたの人生を幸せな状態へとドライブさせていく、「自己肯定感」を高める方法を見ていきましょう。

Chapter3
自分を全肯定する

Word 38

「自己肯定感があれば、自分は唯一無二の存在だと思えて、世界でたったひとりの尊い存在だと感じることができる」

「自己肯定感」という言葉を聞いたとき、どこか抽象的でよくわからないと感じる人もいると思います。

そもそも自己肯定感とはなんでしょうか？

それは、あなたという存在を支えるエネルギーです。

このエネルギーが高くなると、人は「自分は目標を達成できる力がある」「幸せに生きる価値がある」「将来きっといい出来事が起こる」と自然に信じることができます。

端的にいえば、「どんな自分であっても、自分にイエスといえる状態にある」ということ。そんな状態を根底から支えているのが、自己肯定感という力です。

自己肯定感があれば、自分は唯一無二の存在だと思えて、世界でたったひとりの尊《とうと》い存在であると感じることができます。未来に対しても、大きな希望を持って生きることができるでしょう。

Word 39

「ポジティブな感情」を持ち、ものごとを「プラス」思考でとらえ、「行動」するサイクルを回す

自己肯定感は、どのように高めればいいのでしょうか?

わたしがいつも伝えているのは、「感情」「ものごとのとらえ方」「行動」という3

つの要素に働きかけることです。

まず、人には生まれ持った才能や、身につけた能力があります。でも、それ以上に大切なのが「感情」です。常にポジティブな気持ちで生きるのか、ネガティブな感情にとらわれてしまうのかで、人生はまったく変わってしまいます。

「ものごとのとらえ方」も重要です。起きた出来事をプラス思考でとらえるのか、悲観的にとらえるのか。それによっても、人生の景色が変わります。

さらに、勇気を持って「行動」に踏み出せるか、無意識にブレーキをかけてしまうのかでも違いが生まれてきます。

これら3つの要素は連動しています。プラス思考をするには、ポジティブな感情がなければできないし、ポジティブな感情を自然に持つためには、ふだんから積極的に行動に踏み出し、経験値をたくさん得ていることが助けになるでしょう。

つまり、人生がうまくいくためには、「ポジティブな感情」を持ち、ものごとを「プラス思考」でとらえ、「行動」するサイクルを回していく姿勢が大切なのです。

よろこびは、自分でつくり出せるのです。

Word 40

ネガティブな感情を見つめ直すから、ポジティブな感情になれる

「嫌なことがあったときに、ポジティブでいるのは難しい……」

そんな人もいると思います。

そうしたときは、まずネガティブな感情を持つきっかけとなった出来事を振り返り、そのときの状況を具体的に紙に書き出してみてください。たったこれだけで、ネガティブな「自動思考」（自分の意思とは関係なく湧き出る思考）を修正できます。

・ネガティブな感情を持ったのは、「いつ」「どこで」「誰と」「なにを」していたとき？
・そのときにパッと頭に浮かんだ自動思考は？

このようにネガティブな感情の見つめ直しを繰り返していると、自分の感情の傾向を認識できるようになります。

人生が「うまくいく人」は、ネガティブな感情を感じない人ではありません。自分を否定する気持ちを感じたときに、それを自分で修正する方法を知っている人なのです。

Word 41

「ものごとのとらえ方」は、1分で変えられる

仕事や人間関係などでプレッシャーを感じたとき、「ものごとのとらえ方」を変えられる簡単な方法があります。

それが、1分間で「セルフトーク」を行う方法です。

まずゆっくりと深呼吸し、1分間で「自分がすでに持っている能力や強み」を思い浮かべます。

「人の話を聞くのが上手」「書類やデータをつくるのが得意」「ものごとを深く考えられる」「相手を深く思いやれる」など、探せばいろいろあるはずです。

次に、それらの能力や強みから、いまプレッシャーを感じている状況に対して使える能力を書き出してください。

すると、さっきまでネガティブにとらえていた状況に対して、「自分にはできることがある」「自分はうまくやる選択肢を持っている」と、プラスにとらえられるようになります。

状況に振り回されるのではなく、あくまで自分の得意な能力や強みを使って、状況のとらえ方を変えることができるのです。

そして、自己肯定感が高まっていくと、プレッシャーを感じることすら、「自分の強み」ととらえることができます。

Word 42

イメージのなかで成功体験を重ねると、実際の成功率も上がっていく

失敗しない人は世の中にはいません。誰もが失敗をします。

しかし、似たような失敗をし続ける人と、そうでない人には分かれます。なぜなら、失敗し続ける人は過去の失敗を何度も思い出して、「失敗したダメな自分」のイメージを、自分で勝手に増幅させてしまっているからです。

そうして「やっぱりわたしはダメ」と感じていると、次もまた似たような失敗をしてしまうというわけです。

だからこそ、先にイメージのなかで成功体験をしておくことが大切です。失敗した

場面を思い起こし、そのときの結果を最高のものに変えてみましょう。まるで記憶を「上書き」するように、何度もイメージしてください。

やがて、「自分はうまくできる」と思えるようになっていきます。すると、不思議なことに、実際の成功率が上がっていくのです。

ポジティブなイメージがあなたの自己肯定感を高め、心のブレーキを打ち破ってくれるでしょう。

Word 43

I'm OK. I'm not OK.

完璧な人など世の中にはいません。大切なのは、完璧ではない自分に、いつも「O

K」といえるかどうかです。

楽しいときの自分、好きなことをしているときの自分、好きな人と一緒にいるときの自分に、多くの人は「OK」を出しています。同じように、嫌いな自分、うまくいかないときの自分にも「OK」を出せるでしょうか？

嫌いな自分を、無理やり好きになる必要はありません。そうではなく、嫌いな自分を、嫌いなまま受け入れるのです。

アドラー心理学には、「I'm OK. I'm not OK.」という言葉があります。

どんな自分にも「OK」を出せるようになったとき、あなたには、まるで柳のようにしなやかな、折れない心が備わっているでしょう。

Word 44

「なにが起きても大丈夫」そう思える準備が、あなたの自己肯定感を高めてくれる

毎日ポジティブな感情と行動を心がけていても、人間関係では、相手から責められたり傷つけられたりして、思わぬタイミングでダメージを受ける場合があります。

そんなとき、動揺して自分を見失うと、「自分のほうが悪いのかも」と結論づけたり、過去のネガティブな記憶を強化して「わたしはダメなんだ」と思い込んだりしてしまいます。

でも、これらはすべて「状況を客観視できていない」のと、「不安感情に適切に対処していない」のが原因です。

そこで、突然嫌なことが起きたときのために、あらかじめ行動を決めておくことを

おすすめします。

例えば、相手に悪口をいわれたら、「わたしには価値があるから関係ない」と何度も頭のなかでいうと決めておく。

すると、ネガティブな感情や思考のサイクルを断ち切って、不意のショックやダメージから回復できます。嫌なことがあったときの行動をあらかじめ決めておくと、問題にもうまく対処できるでしょう。

「なにが起きても大丈夫」

そう思える準備が、あなたの自己肯定感を高めてくれます。

Word 45

楽しいから笑うのではなく、笑うから楽しい

ネガティブな感情にとらわれないようにするには、あらかじめ行動を決めておくことです。心理学などでは、「If（もし〜が起きたら）-then（〜をする）プランニング」と呼ばれ、いくつかの研究で効果が実証されています。シンプルかつ強力な効果が得られる方法です。

たいていの場合、不安や恐れといった負の思考のスパイラルにはまるのは、問題自体の難しさよりも、ネガティブな自動思考が働き、ものごとの悪い面ばかりを見てしまうためです。

そんないっときの感情に支配されず、ネガティブな自動思考を断ち切ることができ

れば、状況や課題をより冷静にとらえられるようになるのです。

自動思考を断ち切るためには、行動を明確に決めておくのがポイント。例えば、嫌な仕事を押しつけられそうになったときは、「課題の分離」（91ページ）をすると決めておけば、焦らず断ることもできるかもしれません。

ほかにも、不安になったら「ヤッター！」のポーズ（134ページ）や「セルフハグ」（149ページ）をすると自分なりに決めておけば、感情の落ち込みにも有効に対処できます。

少しだけ楽しいことを用意しておくだけで、自己肯定感は高まります。楽しいから笑うのではなく、笑うから楽しいのです。

Word 46

「大きな夢の達成も、最初は小さなステップからはじまる。小さなステップを踏むごとに、「よくやったね」と自分をほめよう」

好きな自分に近づくためには、ポジティブかつ具体的な目標を持つ姿勢が必要です。明確な目的地がなければ、そこにいたるステップが踏みづらくなるからです。

このとき具体的な目標を設定できても、大切なのはそこに向かうプロセスです。実は、目標を達成するには、クリアしやすい小さなステップを用意することが必要なのです。

これは、心理学で「スモールステップの原理」と呼ばれる考え方です。目標までの道のりを小さく分けると、それぞれが達成できそうな課題となって、やる気が上がります。

また、達成したという「成功体験」を得られやすくなり、これによって、「自分にはできる！」と思える感覚、すなわち自己効力感も高まります。

加えて、ぜひ小さなステップを踏むことに、「よくやったね」「がんばった！」と自分をほめてください。

これを続けていると、自己肯定感の高まりが潜在意識まで刷り込まれていき、最終的には、どんなステップを踏んでいても自己肯定感が高まる状態になります。

どんなに大きな夢の達成も、最初は小さなステップからはじまるのです。

自己肯定感が高まれば、自分をほめることができます。そして、他人や社会をほめることができます。

自己肯定感は、あなたの仕事、人間関係、恋愛、子育て……すべてにいい影響を与えます。

人生は、自己肯定感で10割決まります。

Word 47

言葉は現実化する

「思考は現実化する」とよくいわれます。これはあなたの意識的な考えだけでなく、あなたの潜在意識（無意識）が、感情や行動に影響することをあらわしています。

潜在意識にはいくつかの特徴がありますが、ここでは「人称を区別しない」という特徴に注目しましょう。

例えば、「あの人はダメだ」「彼女は身勝手だ」と誰かの悪口をいったとします。すると、潜在意識は人称を区別しないため、「（わたしは）ダメだ」「（わたしは）身勝手だ」というふうに、いった当人に向けた言葉としても認識されてしまうのです。

つまり、ネガティブな言葉は、発した当人にネガティブな影響を強く与えてしまうということです。逆に、誰かをほめていると、あなた自身がほめられていることにもなります。

人は言葉によって思考するわけですから、わたしは「言葉は現実化する」ととらえています。

Word 48

「なんで」「どうせ」「やっぱり」をやめれば、自分を肯定して生きられる

自分を肯定して生きられるかどうかは、ふだん使っている言葉にかかっています。

そこで、これからぜひ、「なんで」「どうせ」「やっぱり」という3語を使わないように意識してみてください。

「なんで」といえば、相手を責める言葉が続きます。
「どうせ」といえば、あきらめの言葉が続きます。
「やっぱり」といえば、ネガティブな予想を裏づけます。

恐ろしいのは、なんの気なしに使うだけでも、自分にどんどん自信を持てなくなることです。

逆にいえば、この3語をやめるだけで、ありのままの自分に素直になって、自分を肯定して生きられるでしょう。

Word 49

言葉を意識的に転換すれば、すべては、あなたの思いのままに

自己肯定感を高めるには、自分の感情やものごとのとらえ方、行動を別の立場から見る姿勢も必要です。でも、人間にはおもに次のようなネガティブなスイッチ（認知バイアス）があるために、なかなかうまくいきません。

1　小さなことにとらわれてしまう
2　ひとつのものごとに執着してしまう
3　目先の不安に流されてしまう

そこで、誰しもが持つこれらの傾向を、言葉で意識的に転換すると、心が楽になって自分を肯定しやすくなります。

1　「ま、いっか」
2　「その考え方・やり方もいいね」
3　「なんとかなるよ！」

1の言葉を使うと、状況を大局的にとらえられるようになり、ものごとがいい方向へ変わりやすくなります。2の言葉は、複数の視点から対処法を得られます。自分だけでなく、いわれた相手の心もさっと楽になるでしょう。そして、3の言葉を口にしていると、無用に焦らずに、未来の可能性を見据えることができます。

言葉は、意識すればするほど自然に使えるようになります。習慣になれば、自分の感情や行動を客観的に見つめられて、心を楽にして生きられるようになっていきます。

すべては、あなたの思いのままに――。

Word 50

「どんな道を選んでもいい。自分で決めて成功し、自分で決めて失敗する」

わたしたちは、いったいどんなときに幸せな気持ちを感じるのでしょうか？　多くの人は、夢や目標を達成したときに幸せになると思いがちですが、それは違います。

実は、自分で道を決め、成長し、自分で人生をコントロールしている実感を持てたときに、幸せを感じるのです。

これを「自己決定感」といいますが、２０１８年の神戸大学の研究でも、自分の意志で進路を決定した人は、総じて人生の幸福度が高いとする結果があきらかになりました。

新しい人生を歩むためには、なにをさておいても、ものごとを自分で判断し、選択し、決めることが大切です。


どんな道を選んでもいいのです。

成功しても失敗しても、どちらでもいい。

大切なのは、自分で決めて成功し、自分で決めて失敗することです。

あなたらしさ１００％の生き方で前に進みましょう。

Word 51

「あの人だったらどうするだろう？」尊敬できる偉人になりきれば、客観的な視点から問題に向き合える

ものごとを自分で判断し、選択し、決めていくと、「自己決定感」が上がり、幸福度も高まっていきます。

しかし人生には、決断や選択が難しい重大な局面もあります。そんなときはどうすればいいのでしょう？

ひとつの方法として、行動心理学の「レファレント・パーソン論」が活用できます。これは、重大な決断を下すときなどに、「あの人だったらどうするだろう？」と第三者（＝レファレント・パーソン）を想定して、行動の参考にする方法です。

注意すべきは、レファレント・パーソンは、身近にいる友人や先輩といったロール

モデルや、アドバイスをくれるメンターではないということ。そうではなく、生き方や価値観を心から尊敬できる偉人や、後世まで語り継がれるような人物がいいでしょう。

いったんその人物になりきって考えると、客観的な視点から問題に向き合えるようになります。そして、より自分らしく生きる勇気が得られて、自己肯定感も高まっていくのです。

Word 52

「一喜一憂しなさんな」

自己肯定感は高いに越したことはありませんが、より大切なのは、自己肯定感は「揺れ動くもの」だと知っておくことです。

どんなにポジティブな人でも、感情は揺れ動きます。ただ、自己肯定感の高い人は、調子が悪いときに「いま自己肯定感が下がっているな」と認識できて、自分を本来のフラットな状態に戻していける人なのです。

そこで、わたしはよくこんな言葉を伝えています。

「一喜一憂しなさんな」

ぜひ、折に触れてこの言葉を自分に語りかけてください。とくに心の状態が悪いときは、気持ちが揺れ動いて、感情の主導権を手放してしまっています。無理やり自己肯定感を上げようとして焦るときも同じです。

そんなときは、この言葉を語りかけて、まずは心のゆとりを取り戻しましょう。一喜一憂しなければ、本来のあなたが戻ってきます。本来のあなたのままでいることが、もっとも自己を肯定している状態なのだから。

53_65 Words/77

Chapter4

自己肯定感を高める小さな習慣

自分を肯定して生きるためには、なにも毎日特別なことをする必要はありません。

実は、「自己肯定感」はたった1分で高められる、とてもシンプルなパワーでもあります。

「自己肯定感」を活用すれば、機嫌よく1日をはじめられて、ちょっとした気分の落ち込みにも、よりよく対処できます。

ここでは、「自己肯定感」を高めるための簡単なエクササイズを紹介します。

気軽に毎日続けていると、ポジティブな習慣になって、どんどん「いいこと」が増えていきます。

毎日楽しみながら、「自己肯定感」を上げていきましょう。

Chapter4
自己肯定感を高める小さな習慣

Word 53

「ヤッター！」のポーズをするだけで、1日が変わる

自己肯定感が高い状態で毎日を過ごすには、なにより気持ちよく1日をはじめることが大切です。

まず、朝起きたら、窓を開けて外の空気を室内に取り入れてください。そして、ぐーっと伸びをしたあとに、両こぶしを突き上げ、顔も上向きにして「ヤッター！」のポーズをしてみましょう。

たったこれだけの動作で、感情が「快」の状態に変わり、気持ちを上向きにして1日をスタートできます。

「ヤッター！」のポーズをすると、全身の血流がよくなり、ストレスを受けたときに

分泌されるホルモン「コルチゾール」が下がります。同時に、精力や筋肉増大にかかわる雄性ホルモン「テストステロン」の分泌が増えていきます。

重要なのは、ポジティブな感情にかかわる脳内ホルモンは、「自分で出せる」という事実です。

Word 54

鏡のなかの自分に、「わたしってツイてる！」と何度も伝える

朝は鏡を見る機会が多いと思います。そこで、鏡のなかの自分に、「わたしってツイてる！」と何度もいってみてください。

自分に肯定的な言葉を伝えていると、潜在意識が変わります。自分のいい面に気づ

きやすくなっていくのです。

逆に、自己肯定感が下がっているときに鏡を見ると、「肌が荒れている」「わたしってイマイチ」と、自分の嫌なところばかりが目に入ります。

そこで、意識的に笑顔をつくって、「わたしってラッキー」「今日もがんばれそう！」と何度も伝えましょう。

もちろん、朝だけでなく、気づいたら「わたしってツイてる！」といってみる。これが口ぐせになっていくと、肯定的な気づきがたくさん得られて、本当に幸せになっていきます。

そして、1日の終わりには、「今日もがんばったな」「ありがとう」と自分に伝えてあげてください。

Word 55

気持ちが下がったら10分歩く。自己肯定感が高まり、自然とやる気が戻ってくる

不安感情が増したり、焦りや悩みにとらわれたりしてきたかも……と感じたら、その場から立って、少しだけ歩いてみるといいでしょう。
ちょっとした散歩によって、精神を安定させる作用がある神経伝達物質「セロトニン」が分泌され、不安感情が減少し、心身が安定します。スタンフォード大学の研究では、よく歩く人のほうが、平均で60％も思考能力が上がるとあきらかになっているほどです。

そこで、ちょっと気持ちが下がってきたときは、10分ほどでいいので、迷わずその場を離れてぶらぶらしてみることをおすすめします。それだけで、自己肯定感が高ま

り、自然にやる気が戻ってくるはずです。

ポイントは、「意識して行う」こと。「いまから不安感情を下げにいこう」と考えたほうがいいでしょう。なぜなら、自分で目的を決めて取り組むと、強い動機づけになるからです。

意識的に「区切り」をつけると、脳は自然と働きやすくなる性質があるのです。

Word 56

あなたがきらめくと、まわりもきらめきを返してくれる

気持ちが落ち込むと表情が曇り、視線や声も気づかないうちに暗くなっています。

当然ながら、そんな人に接するとあまりポジティブな気持ちにはなれません。

そこで、少し自己肯定感が落ち気味に感じたときは、あえて意識して、「わたしっていい人！」と思うようにしてください。

相手に挨拶したり、話しかけたりするまさにその瞬間、「わたしっていい人！」と思ってみるのです。そうすると、表情がにこやかになり、雰囲気が明るくなり、言葉がやわらかくなります。

最初は慣れないかもしれませんが、人間には、なにかを与えられるとお返ししたくなる心理（返報性の原理）が働くため、案外、肯定的な反応が返ってくるはずです。

あなたがきらめくと、まわりもきらめきを返してくれる。

たとえ相手の反応が鈍くても、「わたしっていい人！」と思っていると、あなた自身にポジティブな影響を与えます。ぜひ習慣にしてみてください。

Word 57

「好きなもの」だけを見る10分を、1日に何度も過ごす

人は目標を設定するとやる気が高まるという特性がありますが、これは「目標設定理論」といって理論的にもあきらかにされています。そこで、回数を決めず1日に何度でもいいので、ちょっとした空き時間に「好きなもの」だけを見る10分を過ごしてみてください。

例えば、前から行きたかった場所の写真を眺めたり、インターネットで自分の理想とするライフスタイルのヒントを得たりするのです。

ポイントは、目標を頭に浮かべながら見ることにあります。「週末は気になっているあの店に行こう」と思いながら、情報に触れましょう。

わたしたちは、時間があるとついだらだらと情報をインプットしがちです。意識しないでいると、必要でもない情報で時間をつぶしたり、最悪の場合、ネガティブな情報を見て気分が下がったりしてしまいます。

そんな事態を避けるためにも、「好きなもの」だけを見る10分を、意識的に何度も繰り返しましょう。

楽しみながら、自己肯定感が自然と上がっていきます。

Word 58

人生に価値を与える行動が、あなたの自信になっていく

いったん気持ちが下がってしまうと、放っておくだけではなかなかプラスの状態には戻りません。そんなときは、意識的に気持ちがポジティブになる状況をつくってい

く姿勢が大切です。

誰かのためにドアを開けたり、店員さんに「こんにちは」と挨拶したり、気づいたゴミを拾ったりと、いろいろなことができそうです。

自己満足でまったくかまいません。なぜなら、自分でがんばって人生に価値を与えたという行動自体が、あなたの自信になっていくからです。

そして、行動したあとは、「わたしってなんてえらいんだろう！」と、必ず口に出してほめてあげましょう。

小さな自己満足を1日に何度も味わって、そんな自分に優しい言葉を伝えていく。ネガティブな感情は、いつの間にか消えていくはずです。

Word 59

ネガティブな言葉の語尾に「ありがとう」をつける。プラスの言葉は気持ちを「快」にする

わたしたちは、ふだん気づかないうちにネガティブな感情をためて生きています。気に入らない出来事があれば文句をいい、失敗や不運が続くとがっくりと落ち込みます。

そんなとき、プラスの感情は、ネガティブな感情を打ち消す手段としても使えます。そこで、ぜひ「ありがとう」という、魔法の言葉を意識的に使うようにしてみてください。ネガティブな言葉を思い浮かべたら、そのあとすぐに「ありがとう」をつけ加えるのです。

「あいつムカつく。ありがとう」

「もうダメかも。ありがとう」

すると、プラスの言葉によって脳内にドーパミンが分泌され、気持ちが「快」の状態に変化していきます。

語尾に「ありがとう」をつけるだけで、今日という日を台無しにせず、自己肯定感が高まり幸せに過ごすことができるでしょう。

Word 60

いつもの行動に少し変化を加えて、意図的に自分を〝揺らしていく〟

幸せは、自分で気づくもの。あなたがいま幸せを感じられていないなら、それは幸せに気づけていないだけです。そんなときは、いつもの自分の行動を、ほんの少しだけ変えてみてください。

例えば、通勤の経路を変えてみたり、いつも行かない店に行ってみたりする。同じ店でも、いつもなら頼まないメニューを選んでみる。ちょっと贅沢をしてみる。

ほんの少し変化を加えてあげるだけで、ものの見方がガラッと変わります。このファーストステップがとても大切で、あえて幸せに気づける状況をつくってあげるわけです。

幸せを感じられないときほど、いつもと同じような行動をしています。同じ道を通って同じ会社に行き、同じ店に立ち寄って同じ家庭に帰っていく……。それで安心感は得られるかもしれませんが、幸せでないときはそんな行動を変えてみる時期だと思ってください。

意図的に自分を〝揺らしていく〟ことが必要なのです。

とことんネガティブな状態になってからやっと変える人もいますが、ポイントはちょっとでもネガティブだと感じたら、すぐに変えること。そのくらい気軽で、ちょっとした変化が続いていくと、幸せに気づける状況が劇的に増えていきます。

Word 61

自己肯定感が落ちていると感じたら、「心の声」に従って静寂を求める

わたしは、いつも自分の「心の声」を聞いて生きるようにしています。例えば、ある店に入っても、「なんか違うかな」と少しでも迷いを感じたら、すぐに場所を変えるといった具合です。

自分の「心の声」をよりよく拾うために、意識的に静寂の時間もつくっています。どんなに忙しくても、週に1回、身内やお世話になった人のお墓参りに行くのです。これは、35歳のころからずっと続けている習慣です。

お墓の前にいると、自分の心のなかがスーッと透明になっていくような、あるいは宇宙の存在を感じるような感覚を覚えます。信仰心というよりは、自分の心と一体になるような感覚です。

もちろん、星空を見上げるだけでもいいし、海を眺めるだけでもかまいません。いまの慌ただしい時代だからこそ、そんな静寂の時間をしっかり用意しておくことが大切だと思うのです。

心がざわついて自己肯定感が落ちていると感じたときは、迷わず「心の声」に従って静寂を求めましょう。

Word 62

1日の終わりに、その日よかったことを3つ書く

自己肯定感を高めたまま、1日を気持ちよく終える方法があります。それが、ノートにその日よかったことを3つ書き出す「スリー・グッド・シングス」という方法です。

「話したかった人との会話が盛り上がった！」
「抜けるような青空がとてもきれいだった」

どんな小さなことでもかまいません。人は3週間続けると習慣になるとする研究があるので、ぜひ3週間続けてみてください。それだけで、常にポジティブに過ごせる

状態をつくることができます。

慣れてきたら、「明日起こしたい体験」も、ひとつ書き加えましょう。すると、不思議にも、その体験が起きる可能性が高まります。たとえそのとおりの体験が起こらなくても、別の素敵な体験に気づけるようになります。

スリー・グッド・シングスを続けていると、あなたの脳は、勝手に「いいこと探し」をしてくれるようになるでしょう。そして、心のモヤモヤが一気に晴れわたります。

Word 63

自分を思いきり抱きしめて、もっともっと自分に優しくしよう

わたしたちは、人に優しくされたり抱きしめられたりすると、「セロトニン」や「オキシトシン」という神経伝達物質が脳内で分泌され、幸福感がもたらされます。

そこで、1日の終わりに、自分で自分を抱きしめてあげてください。深呼吸をしながら、約8秒間、両手で両肩をぎゅーっと抱きしめるのです。

できるなら、そのときに「ありがとう」「がんばっているよ」と、声もかけてあげてください。恥ずかしがることはありません。自分をもっとも大切にできるのは、自分だけなのですから。

もちろん、1日に何度行ってもかまいません。続けるうちに、自分を受け入れる気持ちが満たされていきます。

自分に優しくできると、他人にも優しくなれます。

そうして、幸せな状態がずっと続いていくでしょう。

あなたにはもう、幸運をキャッチする力がつきました。自己肯定感という、「幸運体質」を身につけたのです。

Word 64

いつもよく使う場所を、5分だけ掃除してきれいにする

毎日あまり変化がない日常を過ごしていると、生活がルーティーン化して、慣れにより感情への刺激が減っていきます。すると、脳から快楽物質が出にくい状態になり、自己肯定感はどんどん低下してしまいます。


そんな状態から脱するには、なにも特別なことをする必要はありません。

わたしのおすすめは、毎日5分だけ掃除をすること。それだけで、自己決定感や自己効力感が増していきます。なぜなら、たとえ5分だとしても「自分で決めて」行動できて、その結果も目に見えてよくなるからです。

ポイントは、いつもよく使う場所をきれいにすることです。

ふだん目に入らないところを掃除しても、苦労の割にさほど達成感を得られません。キッチンや洗面台、玄関などよく使う場所をさっと掃除しましょう。それだけで日常に変化が起こり、気分もスッキリして自己肯定感が高まるはずです。

もう少し自己肯定感を高めたい場合は、5分掃除のついでに、不要なものをさっと捨ててしまいましょう。

例えば、半年以上使わなかったものは緊急性や重要度がそれほど高くないので、捨てる候補といえます。もしまた必要になれば、安価なお店で買い直せばいいのだから、あまり迷わずに思い切って捨ててみてください。

部屋にスペースが生まれると、そのぶんあなたの心にもスペースができて、心のゆとりが生まれます。いつもの生活環境を少しきれいにするだけで、あなたの心は少しずつ整っていくはずです。

Word 65

気分が落ち込みがちな夕暮れどきは、明るい雰囲気の場所へ行く

夕暮れどきや休日の夕方になると、なんとなく気分が落ち込んだり、わけもなくさびしさを感じたりすることはありませんか?

あるいは気分がイライラしたり、明日のことを考えて「ああ、嫌だなあ」と思ったり。

実は、夕方以降に気分が下がり気味になるのは、人間の生体として正常な働きです。自律神経のうち、いわばブレーキの役割を果たす副交感神経の働きが優位になって、体がリラックスモードに入っていくからです。

また、日没に向けて、覚醒や意欲とかかわる脳内物質のセロトニンが少なくなることで、人によっては、うつ症状(うつ状態)になることもわかっています。

そんなときは、軽い散歩のような気持ちで、あえて人がいる明るい場所へと出かけてみましょう。

気分が乗らないからといって静かな場所へ行くのではなく、なるべく照明などが多い明るい雰囲気の場所へ出かけてみてください。そうすることで、落ち込み気味だった気分が上がり、さびしい気持ちをうまくやり過ごすことができるはずです。

ポイントは、あまり夜遅くに出かけないようにすること。

いくら気分が晴れたとしても、夜遅くなると逆にサーカディアンリズム※が乱れて、ゆくゆくは心身のバランスをおかしくしてしまいます。

なんとなく気分が落ち込むときは、思い切って明るい場所へ行く。

それだけで、自己肯定感は自然と高まっていきます。

※ほぼ1日周期で繰り返される生体の生理現象

66_77 Words / 77

Chapter5

あなたは、もう大丈夫。

どんなにつらく苦しいことがあったとしても、あなたには「変えられるもの」があります。

それは、あなた自身。そして、あなたのいまの感情です。

感情が変われば、ものごとのとらえ方が変わり、やがて行動が変わります。すべては、あなたの手にかかっているのです。

最初は、新しい自分に慣れないかもしれません。でも、自分を肯定し、「がんばってるよ」と励まして過ごしていれば、おのずといいことが増えていきます。

あなたには、生まれながらに幸せに生きる価値があるのです。

自分の持っている価値を信じて、力強く進んでいきましょう。

Chapter5

あなたは、もう大丈夫。

Word 66

その人が1日中考えていることが、その人である

自分を肯定して生きていくためには、自分が使う言葉の力を信じることが必要です。

自分に対してポジティブな言葉を語り続けていると、人生はポジティブなものに変わっていくからです。

なぜなら、言葉は現実化するから――。

これは人生の真理のひとつであり、多くの偉人たちが、表現は違えども、同じような言葉を残しました。わたしが敬愛するアメリカの思想家ラルフ・ウォルドー・エマソンも、こう書いています。


その人が1日中考えていることが、その人である。

常に自分を励まし、肯定し、いまここにある幸せを考えるからこそ、そのような人間になっていくのでしょう。

Word 67

あなたの命は、あなたをけっして裏切らない

あなたがいまどんなにつらいことで苦しみ、深い悩みに打ちひしがれていても、そうしている最中のあなたは、しっかりと生き続けています。

心臓は、常にあなたを生かそう、生かそうと、その働きをやめることはありません。あなたは、あなた自身を無理やり変える必要はありません。この心臓の鼓動とともに、あなたはあなたとして、変わらず生きていけばいいのだから。

大切なのは、悩み苦しむ自分をそのまま受け入れる姿勢です。そして、そんな自分

を精いっぱい慈《いつく》しむ。悩みも苦しみも抱えたまま生きていくからこそ、自分が本当に求めているものがやがて見えてきます。

あなたの命は、あなたをけっして裏切りません。
そう信じて、強く生きていく姿勢が必要なのです。

Word 68

変えられない出来事には悩まずに、「ま、いいか。なんとかなる」と思えば自分で納得できる

あなたが悩み、苦しむものごとのなかには、必ずあなた自身が「変えられないもの」が含まれています。
それこそ、起きてしまった過去の出来事はもう変えられません。また、他人と比べ

たり、人間関係で苦しんだりしていても、他人を意のままに変えることはできません。

つまり、大切なのは、「変えられないものに悩まない」姿勢です。これに納得できると、少しずつ苦しみから離れていくことができます。

「ま、いいか。なんとかなる」

そう自分で思って、自分で決めて、自分で納得する。脳には、「ま、いいか」と納得したものごとは、自然と忘れていくメカニズムが備わっています。

そして、そんな自分に「ＯＫ」を出しましょう。自分で決めて、自分で自由に動いていけばいいのです。

自分に「いいね！」を出しながら過ごしていると、自己肯定感が高まって、幸せが少しずつ増えていきます。

Word 69

なんの制限もなかったら、あなたは今日なにをしますか？

あなたが毎日、毎時間、毎分、毎秒、なにを考え、なににとらわれて生きているか、あきらかになる質問があります。

それが、「なんの制限もなかったら、いまわたしはなにをしたいだろう？」という問いかけです。

わたしたちは、仕事、お金、家族、人間関係などにとらわれて生きています。もちろん、年齢や性別などの属性や、自分の健康、習慣や思考のくせにもとらわれています。

つまり、そんな「とらわれ」に目を奪われて、自分が本当はなにをして生きたいのかが、わからなくなってしまっているのです。

そこで、頭のなかでそんな制限をすべて取り払い、本当にやりたいことを、ぜひ紙に書き出してみてください。「こうあるべき」という考えを、いちど取り払ってみるのです。

かつて、スティーブ・ジョブズはこう語りました。

「もし今日が人生最後の日だとしたら、今日やる予定のことを、本当にやりたいだろうか？」

なんの制限もなかったら、あなたは今日なにをしますか？

Word 70

ふだんの自分の小さな行為に自分で「よい出し」をすると、自信が持てるようになる

ふだん自分が行っている小さな行為の一つひとつに「よい出し」をする習慣をつけると、自分に自信が持てるようになっていきます。

例えば、わたしはいつも、女性が真剣に化粧品を選んでいる姿を見ると「すごい！」と感じます。なぜならそれは、「少しでもきれいになりたい」と、自分を大切にしている気持ちの表れだから。

そんな気持ちを持てているだけで、それはすでにひとつの小さな成功だと思うのです。

自分に「よい出し」ができなければ、ものごとのネガティブな面ばかりを見てしまいます。そして、「自分は美しくない」「きれいになれなかった」と落ち込んでしまうでしょう。

いまの時代はあまりに情報が多く、自分に対する評価基準がとても高くなっている影響もあるかもしれません。

だからこそ、ふだんの自分の小さな行為に対して、自分で意識的に「ＯＫ」を出していくのです。

見えていなかった幸せが、たくさんやってきます。

Word 71

過去の後悔もトラウマも、すべてあなたへのギフト

実に多くの人が、過去に苦しめられています。

そして、わたしも過去に苦しめられてきたひとりです。

でも、いまは「過去はギフト」だと思って、毎日を生きるようになりました。

過去の後悔もトラウマも、すべてあなたへのギフトです。それだけ情熱や愛情があった証拠です。


だから、ぜひその記憶をあいまいにせず、ギフトとして抱えて生きてください。この現在に、過去というギフトを抱えながら、未来へ向かっていくのです。過去のいいところを使って生きたほうが、楽しく幸せに過ごせます。

もちろん、素晴らしくない過去もあるでしょう。でも、素晴らしくないものは、素晴らしくないものとして、未来に教訓として残しておけばいいのです。

すべてをリセットして新しい自分をつくろうとするのではなく、これまでの自分すべてを抱えて生きていく。

過去というギフトを糧にして、未来へ踏み出しましょう。

Word 72

つらかった過去の出来事は、大切な人にギフトとして渡す

過去にとらわれると、過去が重荷になります。

過去を捨てることは、自分を捨てることです。

でも、過去をギフトとして糧にすれば、自分で使えるし、ほかの誰かにも手渡せます。

「こういうときはこうすればいいいんだよ」と、誰かに体験を共有できるのです。

そうして、つらかった自分の過去の出来事を、美しい紙に包んで、大切な人にギフトとして手渡す。

そんな過去の使い方ができれば、とても素敵だと思いませんか？

Word 73

つらい思いをしただけ、人に優しくなれる

自己肯定感は、もともと強い人と弱い人がいます。それは、おもに生育環境などに

よって影響されます。

でも、たとえ自分をうまく肯定できずに、心が揺らぎやすい状態が続いたとしても、心配する必要はありません。ここまで書いてきたように、自己肯定感はいつからでも養えるからです。

これまで自分を肯定する回数が少なかった人は、それだけ人生の苦しみが多かったのでしょう。

でも、だからこそ、人の心の痛みがわかる人になれたのではないですか?

つらい思いをしただけ、人は優しくなれる。

そんな自分にOKを出しましょう。それは、あなたの最大の長所であり、今日からあなたを守る軸となります。

それこそが、あなたの自己肯定感なのでしょう。

Word 74

いまこの瞬間にも、あなたに手を差し伸べてくれた人がいる

あなたには、これまでお世話になった人が何人かいると思います。

かつてわたしのクライアントに、深い人間不信に陥って悩んでいた女性がいました。

でも、彼女にいままでお世話になった人の名前を書き出してもらったところ、なんと50人ほども名前をあげたのです。


お世話になったといっても、ほんの少しだけ「ありがとう」という気持ちを抱いた人でかまいません。みなさんも、ぜひいちど書き出してみてください。

そして、できればその人たちに、「ありがとう」と葉書を出してください。

あなたが「ありがとう」と思えるくらいだから、きっと相手もあなたを大切に考え、

手を差し伸べてくれたはずです。そんな人たちに、ひと言でいいので、感謝の気持ちを伝えてみてください。

あなたに手を差し伸べてくれた人は確実に存在したし、いまこの瞬間にもどこかにいるのです。

Word 75

親からいわれたかった言葉を、いまこそ自分にいおう

あなたにとって、親とはどんな存在ですか？　はっきりいえるのは、たとえいま親とどんな関係であっても、子どものころのあなたは、親に対して深い愛情を求めていたはずだということです。

「大丈夫だよ、安心して一歩を踏み出しなさい」
「あなたはなんでもできるんだよ」

いつも、そういってほしかったのではないですか？
そんな言葉をいわれて育った人は、とても幸運です。
でも、そんな思い出がない人だっている。
そんな人は、親からいわれたかった言葉を、いまこそ自分自身にいいましょう。

「なにがあってもあなたは大丈夫なんだよ」

そう自分の心に向かって、励ましてください。
自分で自分を励まし、心に安心を与えられる人が、もっとも強く、そして幸福な人なのです。

Word 76

この環境に生まれてきただけで、幸運なんだ

ひどい出来事に見舞われたときや、深く落ち込んでしまったとき、「誰よりも不幸だ」「やっぱりわたしはうまくいかない」「生まれつき不利なんだ」と考えがちです。

そう思いたい気持ちは、わたしにもよくわかります。

でも、そんなときこそ、自ら思考のスイッチを切り替えましょう。

他人の不幸を見て安心感を得るだけではいけませんが、この世界には、本当に不運な人がたくさんいます。服も靴も家も、今日食べるものさえない人がいます。生まれつきそうである人が、たくさんいるのです。

「自分はこの環境に生まれてきただけで、幸運なんだ」

つらいときは、そう思ってください。そして、あなたは、いまの状況から逃げ出す自由も手にしています。

自分を肯定し、輝かせるという選択肢を、すでに手にしているのです。

Word 77

いまのあなたにとって、なにひとつ無駄な経験はなかった

自己肯定感とは、ありのままの自分の価値や素晴らしさを、自分自身で認められる力です。これまでは、他人に合わせて生きてきたかもしれないし、他人の評価を得ようとがんばってきたかもしれません。

でも、いまのあなたにとって、なにひとつ無駄な体験はなかったとわたしは思います。なぜなら、そのおかげで「自分のために生きる」という、人生でもっとも大切な

真理に気づけたのですから。

今日から、自分をいちばん大切にして生きてください。

自分のために時間をかけましょう。自分のために毎日を丁寧に過ごし、自分をもっとほめてください。そうして自分を大切に扱う人が、他人も大切に扱うことができます。

まずは自分からはじめてください。

「世界でもっとも大切なわたし」

そう思って、自分と向き合いましょう。きっと、自分がどんどん好きになっていきます。そして、そのように過ごしていると、ある日あなたは気づくでしょう。

自分がいま幸せであることに。

そうやって、幸せはあなたのもとにやってくるのです。

Epilogue

自らを信じて自由に生きる

「さよならのない別れ」の時代

本書では、あなたにもともと備わっている自己肯定感を高めて、「ありのままの自分」で生きるための手がかりと具体的な方法を紹介してきました。

自己肯定感という強力なエネルギーを得たあなたは、これからどんな時代を生きていくのでしょうか？

これについては、わたしはコロナ禍を経て多くの人がなんらかの悲しみや喪失を体験したように、時代もまた悲しみや喪失体験を繰り返していくと見ています。

これまでさまざまな学者が、そんな「悲しみと再生のプロセス」を、おもに5段階のモデルとして考察してきました。

①ショック
②否認・パニック
③悲しみ・怒り・空想形成
④孤独・抑うつ・あきらめ
⑤再適応・立ち直り

まず、なにか衝撃的な出来事（喪失）が起きたとき、人は大きな「ショック」を感じます。そして、そのショックを認めたくないと思い、「否認・パニック」の状況に陥ります。

やがて、その状況に対して「悲しみ」や「怒り」が湧き上がり、あらぬ「空想」をして思考や価値観が混乱する人も現れます。

そんな激しいプロセスを経たのちは、逆に深い「孤独」を感じたり、「うつ状態」になったり、「あきらめ」の気持ちにとらわれたりしていきます。

そうしてこれらのつらく苦しい4つのプロセスを経たあとで、人はようやく自分が置かれている状況への「再適応」を試みて、「立ち直り」に向かうわけです。

わたしはこの悲しみと再生のプロセスが、多くの人々にあてはまると同時に、いまという時代も同じようなプロセスをたどるのではないかと考えているのです。

重要なのは、このプロセスは今後も続いていくということ。

再適応や立ち直りを経て終わるのではなく、また次のサイクルとしてなんらかのショックやパニックがやってくるでしょう。

場合によっては、それは漠然とした出来事かもしれません。しかし、そこから漠然とした悲しみや怒り、孤独感やあきらめがやってくるということです。

そうして、わたしたちは漠然とした「再適応・立ち直り」を果たしていく。

そんなあいまいな時間が、ここしばらくは続いていくと見ています。

「漠然とした」ショックや悲しみ、怒りとはどんなものなのでしょうか？

例えば、コロナ禍においては卒業式や入学式、入社式、歓送迎会などができなくなり、子どもの運動会や発表会などあらゆる行事も中止され、ものごとの大切な区切りがなくなりました。また、移動や行動の自由が制限され、「会いたい人に会えない」

状況がたくさん生じました。

時代は少しずつ立ち直りに向かうとはいえ、一つひとつは小さなショックや悲しみや怒りが、今後も社会のあらゆる場所で積み重なっていくでしょう。

いわば「さよならのない別れ」とでも表現すべき出来事を、より多くの人が体験していくのではないでしょうか。

人によっては、孤独感や怒りやストレスが増していき、社会（時代）のなかにも漠然とした偏見や差別、フラストレーションが高まっていくかもしれません。

ネガティブなことをいうようですが、そんな難しい状況が今後も続いていくとわたしは見ています。

自己肯定感が「個」として生きる強さを養う

そんなあいまいな不安やストレスが増す時代を生きていくには、プロローグで述べた「逆説志向」が、ひとつの効果的なアプローチとなります。

また、もうひとつ心理カウンセラーの立場から、「人間回帰思想」とでもいうべきアプローチが、これから重要になるのではないかと考えています。

例えば、生活や仕事において、他者に人間らしいホスピタリティを持って接し、マニュアルには組み込めない「思いやり」や「優しさ」を与えていくということ。

また、他人を機械的に管理するのではなく、多様性を認めていくこと。むしろ自分に対して、心身を含めたセルフマネジメントする力を養うこと。

そんな新しい発想を柔軟に取り入れた、より人間らしい思考やクリエイティビティの感覚が必要になると思います。

加えて、「個」として生きる強さもキーワードになるでしょう。

「個」には、「自己の確立」と「レジリエンス」というふたつの側面があります。

自分で自分に問いかけて、自分で答えを探し出し、自分で決めて行動していくこと。

たとえ失敗しても、そのなかのいい面を見出していくこと。そして、そこからまた自分で立ち上がっていくこと。

これらの力のベースになるものが、まさに本書で紹介した「自己肯定感」です。

人それぞれ自分なりでいいですから、自己肯定感を高めることによって、これからの時代を生き抜く力と、簡単には折れない心が養われるはずです。

わたしたちは不安に満ちた時代を生きることで、ある意味では「個」を強くするための経験をしている真っ最中だともいえます。その貴重な経験を、自分のなかにある自己肯定感の力でチャンスへと変えていく。

コロナ禍を経て、いい意味で混乱したり悩んだりした人ほど、素晴らしい「個」を確立できる機会を、いま得ています。

その経験を活かすも活かさないもあなた次第。うまく活かせる人にとっては、とても幸運な時間に変えていけるのではないかと思います。

そんな「個」と「個」がつながり合い、協働していくメカニズムをつくることも、これからの時代に求められる思考でしょう。

例えばボールを投げるとき、いったん腕をうしろに引いて反動をつけると、より遠くにボールを投げられますよね？　これまでは、そんな動作をすべてひとりでやっていたかもしれないし、それなりにできたのかもしれません。

でも、さまざまな問題が吹き出していくこれからの時代には、いったんうしろに引く役割の人と、ボールを前に投げる役割の人というように、ひとつのものごとをみんなで一緒につくっていく時代になるでしょう。

そのとき、できるなら、みんなが「自己肯定感」が高い状態で、それぞれの役割を果たせる強さを持てれば理想的ですよね。

この「みんなで生きていく」あり方は、いま若い世代を中心に広がりを見せていますが、結局のところ、みんなでともに手を携《たずさ》えていかなければ、いろいろな面で立ち行かない時代になったのでしょう。

自分の「居場所」をつくろう

正解のない混乱期を生きるなかでは、自分の「居場所」を自分でつくっておくことも必要です。なにかあったときに避難できる、自分だけのシェルターをあらかじめ用意しておくということです。

自分の居場所づくりのヒントとしては、アメリカの心理学者マズローが提唱した欲求・動機づけ理論である「欲求段階説」が活用できます。

マズローは、人間の欲求構造は次の5段階の順に進んでいくとし、ひとつの欲求段階が満たされると、次の段階の欲求が高まるとしました。

①生活維持の欲求（生理的欲求）
②安定と安全の欲求
③社会的欲求（集団的欲求、所属欲求、親和欲求）
④自我の欲求（人格的欲求、自主性の欲求、尊敬の欲求）
⑤自己実現の欲求

①の生理的欲求は、ぐっすりと眠れたり、栄養のあるおいしいものを食べられたりすること（場所）を指します。それらの欲求を満たしていくだけでも、自分の居場所をつくることができるでしょう。
②の安定と安全の欲求なら、自分にとって心地いい場所であったり、いつもリラックスできる場所であったりします。

③の社会的欲求であれば、例えば「自分を受け入れてもらえている」と思えるような、所属欲求を満たせる場所が居場所になり得ます。
また、④の自我の欲求なら、承認欲求を満たせる場所なので、例えば行きつけのカフェかもしれないし、そこで「こんにちは」とあいさつし合えるだけでも承認欲求が満たされて心地いい居場所となるはずです。

ほかにも、映画館がシェルターになる人もいれば、海辺がシェルターになる人もいるかもしれません。


このように、できれば家庭や職場以外に、シェルターの役割を果たせる居場所をひとつでもいいので、意識的につくっておくことがとても大事になります。

この欲求段階は、マズローの理論では①から⑤の順に進んでいくものとされますが、ここではあくまで、居場所づくりのヒントとして考えましょう。自分がいちばん気軽に取り組める欲求段階から、自分が本当に満たされる居場所づくりをはじめてみることをおすすめします。

感謝の種を数えて生きる

他者とつながり合うにしても、自分の居場所づくりをするにしても、自らが行動していく「主体的に生きる感覚」を持つことがとても大切です。

それは「自分が決めて、自分で動く」感覚を持って生きることであり、今後は「自立」も重要なキーワードになるとわたしは考えています。

自分が判断し、自分がやると決めなければいけないわけですから、やはり自分のことが好きでなければ、なかなか自立にはたどり着けません。

だからこそ、あなたの自己肯定感のエネルギーが必要となるわけです。

まずは自分を受け入れて、許してあげて、自分を少しずつ好きになっていく。自分のやりたいことや、楽しいと感じることをどんどんやってみる。失敗してもニコッと笑ってやり過ごし、うまくいったら多くの人がよろこんでくれると想像する。

自立といってもそのくらいのカジュアルさでかまいません。

自分が本当にやりたいことをやって、その結果がまわりの人のよろこびにつながっていくとき、人は大きな幸せを感じて生きられるのではないでしょうか。

幸せを感じて生きるためには、日常のなかのあたりまえのことに「すごいな」「素敵だな」「気持ちいいな」と思える感覚を持つことが出発点になります。

そうして「感謝の種」を数えて生きていると、失敗したって自分は前へと進んでいける自信が生まれて、やがてあなたは自立に向かっていきます。

また、自分のマイナス部分もきちんと受け入れてあげて、自分で自分に安心を与えていくことも欠かせません。たとえ後悔するような過去があったとしても、そのなかに「幸せの種」を見出していく。

そんな主体的な生き方が、これからは求められるでしょう。

なかなか主体的に生きられない人は、逆に「客体」として生きています。

「こんなことをしたら、まわりにどう思われるだろう」

「いまさらこんなことをはじめるなんて、きっとバカにされる」

「あの人に比べたら、わたしなんかなんの才能もない」

ついそう感じてしまう自分から、いかにして主体の自分に移っていくか。この客体から主体に移るプロセスこそ、わたしはまさに自己肯定感を高めていくプロセスだと考えています。

最終的なゴールは、「ありのままの自分」で生きることであり、そんな自分に、「それで大丈夫だよ」と自分でいってあげられることだと思います。

●あなたに秘められたおおいなる「可能性」

わたしたち一人ひとりには、生まれつき大きな可能性が備わっています。

その大きな可能性の存在を自分でしっかり認めることが、これから新しい人生を歩んでいくすべての前提条件となるでしょう。

人は自分の可能性を広げていく生き方ができますが、逆に自らの可能性を閉ざす生き方を選ぶこともできます。

それはまさしく、「どちらを自分で選び取るか」にかかっているのです。

忘れてほしくないのは、どんな人も最初は可能性を秘めた存在としてこの世に生を受け、本来おおいなる可能性が備わっているという事実です。

子どものころは可能性に向かってなにも考えずに前進していたのに、成長するにつれて、うまく動けなくなることが起こります。

「わたしはなにをすればいいのだろう？」

「どうやって歩いていけばいいのだろう？」

そう思った瞬間に、歩き方自体を忘れたかのように足が止まってしまう。そもそも誰の目も気にすることなく自由に動けるはずなのに、どこかでなにかの「とらわれ」が生じた途端に動けなくなってしまうわけです。

これは、なにも人間に限ったことではありません。

ある実験では、仕切り板つきの水槽にカマスを入れ、仕切り板の向こう側に餌の小魚を入れると、カマスは小魚を食べようとして仕切り板に突っ込み、バチバチと頭を当てていきます。しかし、やがて小魚が食べられないとわかると、餌を食べることをあきらめ、仕切り版を取り除いても小魚に向かわなくなるといいます。

その一方で、マルハナバチというハチは、体がずんぐりむっくりしている割に羽がとても小さく、航空力学の理論上は「飛べないハチ」とされてきました。

でも、実際にマルハナバチを見ると、なんの問題もなく空を飛んでいます。なぜでしょうか？

それは、マルハナバチはほかの空飛ぶ生き物と違って、羽を回転させて気流をつかまえ、それを活かして飛ぶという自分だけの飛行法を編み出したからです。

同じように、あなたにも、かつてなにかの可能性を信じて、全身でぶつかっていた経験がきっとあります（子どものころの出来事は忘れているかもしれませんが）。

そもそも勢いよくぶつかっていったのは、「そこに行ける！」と思っていたから。

それなのに失敗を恥ずかしがったり、他人の目を気にしたりする経験を繰り返したことで、いつからか「無理」「そんなのできるわけがない」と、自ら可能性を閉ざしてしまっただけなのです。

でも、わたしたちが自分の可能性を心の底から信じることができれば、もっと自由に前へと進んでいけます。餌に向かって突き進むカマスのように、うまくいく可能性を信じて、自信を持って生きていけます。

ものごとを追求するのはいいことですが、いったん正解を求めてしまうと、「間違ってはいけない」「失敗したら恥ずかしい」といった思いにとらわれて、結局は可能性を閉ざしてしまいます。

そうではなく、「わたしは、もう大丈夫」と自分を信じて、ありのままに進んでいけばいいのです。

誰もあなたを止める者などいません。止める権利を持つ者もいません。大変だけれどチャンスに満ちたこれからの時代を、みんなと一緒に、とことん自由に生きていきましょう。

「わたしは飛べる」

そう信じて、空気を自在に操って羽ばたく、マルハナバチのように。

２０２１年12月

中島 輝

Profile

中島 輝 (なかしま・てる)

心理カウンセラー、自己肯定感アカデミー代表、トリエ代表。自己肯定感の第一人者。困難な家庭状況による複数の疾患に悩まされるなか、独学で学んだセラピー、カウンセリング、コーチングを10年以上実践し続ける。Jリーガー、上場企業の経営者など1万5000人を超えるクライアントにカウンセリングを行い、回復率95%、6カ月800人以上の予約待ちに。「奇跡の心理カウンセラー」と呼ばれメディア出演オファーも殺到。現在は、自己肯定感を全ての人に伝え、自立した生き方を推奨する自己肯定感アカデミーを設立し、「自己肯定感カウンセラー講座」「自己肯定感ノート講座」「自己肯定感コーチング講座」「HSPカウンセラー講座」などを主催。週末の講座は毎回満席になっている。インスタグラムのフォロワーは7万人以上、LINE BLOGは文化人ランキング最高5位とSNSでも話題沸騰中。著書はこれまで、『何があっても「大丈夫。」と思えるようになる自己肯定感の教科書』『書くだけで人生が変わる自己肯定感ノート』『自己肯定感diary 運命を変える日記』(すべてSBクリエイティブ)、『1分自己肯定感 一瞬でメンタルが強くなる33のメソッド』(マガジンハウス)、『習慣化は自己肯定感が10割』(学研プラス)などを発刊し、海外でも翻訳されている。

◎中島輝オフィシャルサイト
https://www.teru-nakashima.com

◎自己肯定感アカデミー
https://ac-jikokoutei.com

◎torie 趣味・資格・副業、取り柄を活かすならトリエ
https://toriestyle.com

◎中島輝LINE公式アカウント

あなたは、もう大丈夫。

「幸せスイッチ」が入る77の言葉

2021年12月21日　第1刷発行

著者　中島 輝

発行者　長坂嘉昭
発行所　株式会社プレジデント社
〒102-8641
東京都千代田区平河町2-16-1 平河町森タワー13F
https://www.president.co.jp/
https://presidentstore.jp/
電話 03-3237-3731（編集・販売）

装丁・本文デザイン　木村友彦
イラスト　ゆの
企画・構成　岩川 悟（合同会社スリップストリーム）
編集協力　辻本圭介

販売　桂木栄一　高橋 徹　川井田美景
森田 巌　末吉秀樹　神田泰宏　花坂 稔　榛村光哲
編集　柳澤勇人
制作　関 結香

印刷・製本　中央精版印刷株式会社

ISBN 978-4-8334-4034-9
Printed in Japan

※本書は『自己肯定感を高める「幸せ」の法則』（小社刊）に大幅に加筆・修正し再構成したものです。